ADRIANO PARANAIBA

PARA ENTENDER
ROTHBARD

POSFÁCIO DE
Fernando A. Monteiro C. D'Andrea, PhD

São Paulo | 2023

PARA ENTENDER
ROTHBARD

Copyright© - Adriano Paranaiba
Copyright© da Edição Brasileira 2023 – LVM Editora

Os direitos desta edição pertencem à
LVM Editora
Rua Leopoldo Couto de Magalhães Júnior, 1098, Cj. 46
04.542-001 São Paulo, SP, Brasil
Telefax: 55 (11) 3704-3782
contato@lvmeditora.com.br

Gerente Editorial | Chiara Ciodarot
Editor-chefe | Pedro Henrique Alves
Editora assistente | Georgia Kallenbach
Revisão | Alexandre Ramos da Silva
Revisão e preparação de texto | Pedro Henrique Alves e Alexandre Ramos da Silva
Capa | Mariangela Ghizellini
Diagramação | Spress

Impresso no Brasil, 2023.

Dados Internacionais de Catalogação na Publicação (CIP)
Angélica Ilacqua CRB-8/7057

Reservados todos os direitos desta obra.
Proibida toda e qualquer reprodução integral desta edição por qualquer meio ou forma,
seja eletrônica ou mecânica, fotocópia, gravação ou qualquer outro meio de reprodução
sem permissão expressa do editor.
A reprodução parcial é permitida, desde que citada a fonte.
Esta editora empenhou-se em contatar os responsáveis pelos direitos autorais de todas as
imagens e de outros materiais utilizados neste livro.
Se porventura for constatada a omissão involuntária na identificação de algum deles,
dispomo-nos a efetuar, futuramente, os possíveis acertos.

Sumário

9 | Introdução

13 | Capítulo 1
O que a Inteligência Artificial sabe sobre Rothbard?

19 | Capítulo 2
O indivíduo Rothbard

29 | Capítulo 3
Uma entrevista com Walter Block

37 | Capítulo 4
Filosofia e história para explicar economia

43 | Capítulo 5
A ética libertária de Rothbard

47 | Capítulo 6
O opus magnum: Indivíduo, Economia e Estado

55 | Capítulo 7
O diagnóstico perfeito do intervencionismo econômico

67 | Capítulo 8
Rothbard: atual e impetuoso

73 | Posfácio
Empreendedorismo em Murray N. Rothbard
Fernando A. Monteiro C. D'Andrea, PhD.

Dedico a todos os indivíduos
que assim se enxergam.

Introdução

❧

Definitivamente, o objetivo deste livro não é tornar-se uma versão em português de uma biografia de Murray Newton Rothbard (1926-1995). Existem diversas publicações biográficas e bibliográficas sobre ele, incluindo um livro com as melhores frases de Rothbard[1].

Pretendo neste livro trazer, de forma clara e objetiva, o essencial que precisamos saber sobre esse importante autor, não só para a Escola Austríaca de Economia, mas para as ciências econômicas como um todo. Para isso fiz a estrutura deste livro para guiá-lo no pensamento de Rothbard, como uma espécie de ponto de partida para iniciar suas leituras – e estudos – sobre a perspectiva rothbardiana, ou, como diz o professor Edward W. Fuller, *murrayisms*, que é fundamentada em três pilares: economia, ética e história. Claro que trarei uma abordagem mais pessoal, de como entendo a influência e importância do seu pensamento para auxiliar na compreensão dele, sem a pretensão de apontar a verdadeira, única e perfeita interpretação do que Rothbard buscou apresentar em seus escritos.

Assim, estruturei este livro para apresentar o pensamento de Rothbard em cinco capítulos-chaves, como uma forma didática em dividir por estratos suas contribuições: (I) A forma de usar filosofia e história

---

1 FULLER, E.; GORDON, D. *Rothbard A to Z*. Auburn: Mises Institute, 2018.

para explicar a economia, em como foi construída sua estrutura metodológica de análise; (II) Como Rothbard elaborou a ética libertária; (III) Uma tentativa de resumir o essencial do seu mais importante livro: *Indivíduo, Economia e Estado*; (IV) Como Rothbard demonstrou a forma como o intervencionismo estatal ocorre nas vidas dos indivíduos; e (V) A visão dele sobre o que é o Estado e quão atual é sua contribuição.

Claro que não podia deixar de fora alguns *insights* que tive quando fui convidado pela editora LVM para escrever este livro. O primeiro foi descobrir o que a inteligência artificial tem a dizer sobre Rothbard; e acabei marcando uma entrevista com o professor Walter Block, que conviveu com ele de 1965 até sua morte prematura em 1995. Também achei importante incluir um capítulo para apresentar o indivíduo Rothbard, sua importância para a Escola Austríaca e as principais críticas que recebeu. Por fim, para apresentar como a contribuição de Rothbard pode se desdobrar para diversas áreas de pesquisa, trago o posfácio de autoria do prof. dr. Fernando A. Monteiro C. D'Andrea, que mostra essa aplicabilidade em uma área que vem ganhando grande relevância: o empreendedorismo.

Quero finalizar esta apresentação agradecendo o convite da editora LVM, nas pessoas de Hélio Beltrão, Rodrigo Saraiva Marinho, Raduan Melo e Luiz Fernando Pedroso. Fiquei muito honrado com tamanha responsabilidade, e em especial agradeço ao meu editor, Pedro Henrique Alves, e à gerente editorial Chiara Ciodarot. Aos amigos e professores que me ajudaram em alguma medida na pesquisa para escrever o livro com sugestões e revisões, Fernando D'Andrea, Arthur Marion Ceolin,

Rafael Rota Dal Molin, Sergio Alberich, Samuel Vaz-Curado, João Mazzoni, Antony Mueller e, claro, o professor Walter Block. Agradeço ao Instituto Mises Brasil, nas pessoas dos conselheiros Rodrigo Saraiva Marinho, Fernando Ulrich, Paulo Ghedini, Gianluca Lorenzon e Erick Sckrabe. O IMB se tornou um refúgio para mim e um *bunker* para professores e pesquisadores que, assim como eu, buscam o aprofundamento nas ideias da liberdade, e ao Mises Institute, que sempre me abastece com o estado da arte da Escola Austríaca de Economia, em especial ao professor Joseph Salerno e Felícia Jones, que sempre me recebem muito bem quando participo de eventos e pesquisas lá.

Não posso deixar de agradecer aos meus alunos que, no fim das contas, não considero como ouvintes de minhas aulas, mas contribuidores para uma formação crítica – muitas ideias legais surgem dos questionamentos que me fazem.

Por fim, mas não menos importante, agradeço à minha esposa, Wania, e aos meus filhos Caio e Marcos, por me aturarem dentro de casa escrevendo o dia todo na frente do computador enquanto a casa pega fogo – obrigado pelo apoio.

E, obviamente, a você que está lendo este livro: peço desculpas adiantadas por algum equívoco que possa acabar aparecendo no decorrer de sua leitura, mas espero que lhe agrade a forma com que pretendo apresentar este grande gênio subestimado da economia, Murray Newton Rothbard.

CAPÍTULO 1

O que a Inteligência Artificial sabe sobre Rothbard?

❦

No cenário atual, cheio de inovações, a Inteligência Artificial (IA) já desembarcou da ficção científica direto para a vida de todos nós. O braço mais famoso, que caiu na boca do povo, foram os modelos de linguagem que, utilizando algoritmos e bancos de dados gigantescos, conseguem dar respostas para os usuários sobre diversos temas. De longe, o mais famoso dentre eles é o Generative Pre-Trained Transformer - ChatGPT[2] [Transformador Pré-treinado Generativo, em tradução livre]. Não quero aqui discutir sobre o ChatGPT, apenas contextualizar, que, quando fui convidado a escrever um livro sobre Rothbard, minha primeira reação foi: "O que o ChatGPT falaria sobre o Rothbard?". Assim, fiz a seguinte pergunta:

"Quais as ideias de Murray Rothbard?"
Eis a resposta do ChatGPT:

> *Murray Rothbard foi um dos principais pensadores e teóricos do libertarianismo moderno, deixando um legado duradouro no campo da filosofia política e econômica.*

2 ChatGPT é um modelo de linguagem desenvolvido pela OpenAI, baseado na arquitetura GPT-3.5. Ele faz parte da família de modelos GPT (Generative Pre-trained Transformer) e é projetado para compreender e gerar texto em linguagem natural.

Nascido em 1926, Rothbard foi um autor prolífico e influente, escrevendo sobre uma variedade de tópicos, incluindo economia, política, história e ética. Suas ideias e obras têm servido como fundamento para a corrente do libertarianismo conhecida como "anarcocapitalismo" ou "anarquismo de mercado".

Uma das contribuições mais significativas de Rothbard para o pensamento político e econômico foi a sua defesa fervorosa do libertarianismo radical. Ele acreditava que o governo deveria ser reduzido ao mínimo ou mesmo completamente eliminado, argumentando que o Estado era uma instituição coerciva que violava os direitos individuais e minava a liberdade pessoal. Em seu livro For a New Liberty: The Libertarian Manifesto *(1973), Rothbard desenvolveu uma visão abrangente de uma sociedade sem governo, baseada na propriedade privada e no respeito aos direitos de propriedade de cada indivíduo.*

Rothbard também fez contribuições significativas para a teoria econômica. Ele foi um defensor apaixonado do livre mercado e do capitalismo laissez-faire, *argumentando que a intervenção do governo na economia, incluindo regulamentações, impostos e controle da moeda, causava distorções e ineficiências econômicas. Seu livro* Man, Economy, and State *(1962) é uma obra seminal que explora a teoria econômica austríaca e oferece uma defesa detalhada do mercado livre.*

Além de sua defesa do libertarianismo e do livre mercado, Rothbard também fez contribuições importantes para a teoria do direito e da ética. Ele argumentava que os direitos individuais eram fundamentais e que qualquer forma de agressão contra a propriedade de outra pessoa era injusta. Sua ética baseada na propriedade privada serviu como alicerce para seu pensamento político e econômico.

Rothbard também foi um crítico contundente do sistema de reserva fracionária bancária e do sistema de bancos centrais, argumentando que eles eram responsáveis por crises financeiras e inflação. Ele propôs a abolição do sistema bancário central e a substituição do sistema de moeda fiduciária por dinheiro baseado em commodities, como o ouro.

Embora as ideias de Murray Rothbard tenham gerado controvérsia e críticas, ele permaneceu uma figura influente no mundo do libertarianismo e continua a ser lido e discutido por aqueles que buscam uma compreensão mais profunda das relações entre governo, economia e liberdade individual. Sua defesa apaixonada do anarcocapitalismo e do livre mercado deixou um impacto duradouro no debate político e econômico contemporâneo.

Bem, eu não sei a opinião de vocês, mas a resposta do ChatGPT, que no fim das contas é uma grande compilação de forma organizada, trouxe-me dois sentimentos, antagônicos por sinal. O primeiro foi o volume de bons adjetivos para apresentá-lo, bem como à sua obra. Assim como eu, o ChatGPT entendeu que Rothbard deveria ter levado o prêmio Nobel de Economia, assim como Nadal, Federer e Djokovic ganharam Grand Slams.

O outro sentimento que me veio foi quando a transcrição, sincera, definiu que suas ideias geraram controvérsias e críticas. Mas não foi isso que me deixou entristecido, e sim o fato de o ChatGPT não indicar as críticas, o que é sinal de que não existe volume suficiente de argumentos apontando essas críticas no banco de dados, apenas relatos de que o pensamento dele foi controverso. O que quero dizer é que não existe uma agenda de críticas fundamentadas do pensamento do Rothbard, apenas críticas ao nível de "não gostei". Claro que críticas existem, mas não no volume suficiente para terem sido capturadas pela ferramenta. Assim, voltei ao ChatGPT e fiz uma nova pergunta (dizem que essas ferramentas "vão aprendendo à medida que vamos perguntando"):

"Por que as ideias de Rothbard são controversas?"
A resposta foi:

> *As ideias de Murray Rothbard são controversas por várias razões, principalmente devido à natureza radical de suas posições e à sua abordagem crítica em relação ao governo e ao sistema político. Aqui estão algumas das principais razões pelas quais as ideias de Rothbard são consideradas controversas:*
>
> **Anarcocapitalismo***: Uma das ideias mais distintivas de Rothbard é o anarcocapitalismo, que propõe a completa eliminação do governo em favor de um sistema de mercado livre baseado em propriedade privada e interações voluntárias. Essa posição é radical e contrária à maioria dos sistemas políticos convencionais, o que a torna controversa por si só.*
>
> **Rejeição do Estado***: Rothbard argumentava que o Estado era intrinsecamente ilegítimo e que todas as formas de coerção estatal eram injustificáveis. Isso incluía a rejeição da tributação compulsória e de todas as intervenções governamentais na economia e na vida das pessoas.*

Ética Individualista: *Rothbard fundamentava suas ideias em uma ética individualista rigorosa, que colocava os direitos individuais e a propriedade privada no centro de sua filosofia política. Isso o levava a rejeitar muitas políticas governamentais que outros consideram necessárias para promover o bem-estar social.*

Posturas sobre Questões Sociais: *Rothbard também tinha posições polêmicas sobre questões sociais, como a legalização de todas as drogas, a eliminação de leis antitruste e a oposição a políticas afirmativas. Essas posições podem ser vistas como radicais e controversas em muitas sociedades.*

Influência no Movimento Libertário: *Embora tenha tido uma influência significativa no movimento libertário, as ideias de Rothbard também causaram divisões dentro da própria comunidade libertária. Alguns libertários discordam de suas posições extremas, preferindo uma abordagem mais moderada em relação ao governo e à regulamentação.*

Críticas e Debates: *O trabalho de Rothbard tem sido objeto de debates e críticas substanciais, tanto de acadêmicos quanto de outros pensadores políticos. Suas teorias econômicas, em particular, são frequentemente contestadas e debatidas.*

Aplicação Prática: *A aplicação prática das ideias de Rothbard, como a eliminação completa do governo, levanta muitas perguntas práticas e desafios, o que pode gerar controvérsias sobre como um sistema anarcocapitalista funcionaria na realidade.*

Em resumo, as ideias de Murray Rothbard são controversas porque desafiam muitas das noções e estruturas políticas e econômicas estabelecidas, propondo alternativas radicais que são amplamente divergentes da abordagem tradicional do governo e da sociedade. Essa radicalidade, juntamente com a rejeição fundamental do papel do Estado, gera debates acalorados e divide opiniões.

Eu não sei o que vocês pensaram lendo essa resposta, mas aqui vai minha opinião: o ChatGPT enquadrou as ideias como controversas pelo simples fato de irem contra o *status quo* — tanto político mas também metodológico da academia. Nada de apontar fragilidades da teoria, apenas por seu pensamento se opor ao que os governantes e sistemas políticos fazem hoje.

Nesse sentido: que bom. Que maravilha é saber que essa é a régua de definição de algo controverso para o ChatGPT. Se o que Rothbard defendeu está substancialmente desafiando estruturas políticas e econômicas estabelecidas, que geram guerras, fome, pobreza e desigualdades, acho que dá para Rothbard levar também o Nobel da Paz como prêmio de consolação.

Extremismo na defesa da liberdade não é um vício. Moderação na busca da justiça não é uma virtude.

Barry Goldwater

CAPÍTULO 2
O indivíduo Rothbard

Epítetos e alcunhas são apelidos ora com o objetivo de depreciar alguém, ora para tratamentos íntimos. Mas quando falamos de grandes pensadores e figuras históricas, o objetivo é condensar em uma pequena frase ou palavra a definição do legado que foi deixado e que, em muitos casos, são responsáveis por eternizar este. Alexandre, *o Grande* e Pepino, *o Corcunda* são exemplos, e extremos[3], do que pretendo elucidar.

Outro exemplo, especialmente entre os economistas da Escola Austríaca, é o de Ludwig von Mises, que, quando ainda vivia na Europa, era chamado por seus colegas de "o último cavaleiro do liberalismo", com o objetivo de denegri-lo no período de auge do planejamento central e do socialismo, nas primeiras décadas do século XX. No fim, tal alcunha vai revelar o precioso legado de Mises, aquele que foi responsável por zelar e transmitir para as próximas gerações a chama do liberalismo[4].

---

3 De fato, 'Grande' e 'Corcunda' não possuem relação com a aparência física: o primeiro foi um grande rei macedônio que se tornou lendário. O segundo, por sua vez, foi encarcerado por conspirar contra seu pai, Carlos Magno.
4 Ele foi um dos poucos a não moldar suas ideias diante do tsunami keynesiano que tomou conta do mundo ocidental entre 1930 e 1970. A mais importante biografia de L. v. Mises foi escrita por Jörg Guido Hülsmann em 2007, com o título *Mises: the last knight of Liberalism*, em homenagem a esta alcunha de Mises.

Em 2000, Justin Raimondo foi responsável por formular a legendária denominação "O Inimigo do Estado" no título da biografia que escreveu sobre Rothbard[5], e desde então sua figura será sempre associada a alguém que se contrapõe àquele que é "o antigo inimigo da liberdade"[6]: o Estado.

Para Rockwell Jr., fundador e presidente do Mises Institute, Rothbard é "Irrepreensível"[7], o legítimo herdeiro de Mises na paixão pela liberdade; Joseph Salerno[8], por sua vez, vê nele o verdadeiro sucessor de Mises no volume e profundidade dos estudos acadêmicos em Escola Austríaca de Economia; David Gordon o declara "Essencial"[9] por ter sido "um estudioso de alcance extraordinário com grandes contribuições para a economia, história, filosofia política e direito"[10]. Para mim, ele é a soma de tudo isso: um entusiasta das ideias da liberdade e, ao mesmo tempo, um professor de densa produção acadêmica. É comum encontrarmos acadêmicos que, mergulhados em uma profundidade de

....

5 RAIMONDO, Justin. *An Enemy of the State: The Life of Murray N. Rothbard*. Prometheus Books, 2000.

6 ROTHBARD, Murray N. Citação do prefácio da primeira edição de *Egalitarianism as a Revolt Against Nature and Other Essays*. R. A. Childs, Jr. (ed.). Washington: Libertarian Review Press, 1974. "Anatomia do Estado" é o terceiro capítulo de dezesseis, e posteriormente foi publicado separadamente.

7 ROCKWELL, Lew. *The Irrepressible Rothbard*. Burlington: The Center for Libertarian Studies, 2000.

8 Ph.D. em economia pela Rutgers University, vice-presidente acadêmico do Mises Institute, editor do *Quarterly Journal of Austrian Economics* e professor de economia na Pace University, Nova York.

9 Acredito que David Gordon faz uma homenagem a Rothbard que, um ano após o falecimento de L. v. Mises, escreveu o livro *O Essencial von Mises*.

10 GORDON, David M. *The Essential Rothbard*. Ludwig von Mises Institute, 2007.

suas abordagens, acabam se distanciando da didática em explicar os fenômenos que pesquisam; em um outro extremo, os entusiastas, no afã de explicações simples que favoreçam o entendimento, revelam seus argumentos um tanto superficiais e frágeis. Contrariamente, Rothbard consegue, brilhantemente, superar esses dois obstáculos e é capaz de investigar e compreender a economia como ação humana social e ética em seu sentido mais amplo[11], e apresentar seus argumentos e suas descobertas de forma clara e acessível. Essa habilidade o torna admirável, inconfundível e único.

Sobre Rothbard pesam críticas de sua desvinculação do *mainstream*[12] econômico e, com isso, acabou sendo marginalizado o uso de suas contribuições nas discussões acadêmicas, o que se revela uma grande injustiça para com aquele que foi responsável pelo renascimento moderno da economia austríaca. Acredito que essa negação de Rothbard esteja ligada a como David Gordon o define:

> Rothbard não foi um intelectual de "torre de marfim", do tipo que se trancava em seu mundo e se interessava apenas por controvérsias acadêmicas. Muito pelo contrário, ele combinou a economia austríaca com uma fervorosa defesa

---

11 WILSON, Clyde. *A Tribute*. Rothbard-Rockwell Report. Special Memorial Issue. v. 6, n. 2, 1995.

12 Economia *mainstream* é uma expressão que se refere às teorias econômicas predominantemente ensinadas nas universidades. É associada à economia neoclássica, à abordagem das expectativas racionais e à síntese neoclássica, que combina os métodos neoclássicos com a abordagem keynesiana da macroeconomia.

da liberdade individual. Ele desenvolveu uma síntese ímpar que combinou os pensamentos de americanos individualistas do século XIX, como Lysander Spooner e Benjamin Tucker, com a economia austríaca. [...] Ao fazer isso, ele se tornou um gigante do intelectualismo americano[13].

Muitos, com tom matreiro, creditam a fama de Rothbard apenas como criador do bordão "imposto é roubo", e mentor de internautas que participam de debates acalorados nas redes sociais. Porém, com apenas trinta e seis anos de idade, escreveu seu *opus magnum*: *Man, Economy, and State*[14] – com suas 1.041 páginas – revisado pelo próprio Mises, que acabou descrevendo a obra como uma importante contribuição para a ciência geral da Ação Humana, e que todos os estudos nesse ramo do conhecimento terão que levar em conta as teorias e críticas expostas[15]. Possui publicações na mais importante revista acadêmica de economia do mundo, *The American Economic Review* - AER, além de outros artigos presentes na lista JCR[16].

---

13 GORDON, David M. *Op. cit.*, p. 7-8.

14 Essa obra fundamental foi publicada em 2023 no Brasil pela LVM Editora, com o título *Indivíduo, Economia e Estado*.

15 MISES, L. v. *Economic Freedom and Interventionism: An Anthology of Articles and Essays*. Bettina Bien Greaves (ed.). Irvington-on-Hudson: The Foundation for Economic Education, Inc., 1990.

16 O *Journal Citation Reports* (JCR) é uma publicação eletrônica anual da Clarivate Analytics que fornece informações sobre revistas acadêmicas. As informações divulgadas nos *Journal Citation Reports* anuais têm a confiança da comunidade acadêmica global como um recurso confiável para identificar os principais periódicos em suas áreas.

Ademais, foi autor de outros mais de 25 livros, centenas de artigos acadêmicos, capítulos de livros, ensaios e artigos de opinião. Fundou importantes periódicos acadêmicos, sendo também o editor responsável de *Journal of Libertarian Studies*, criado em 1977, e *The Review of Austrian Economics*, em 1987, que em 1997 é continuado com o nome de *Quarterly Journal of Austrian Economics*. Este último é atualmente um dos mais importantes veículos de publicação acadêmica da Escola Austríaca de Economia no mundo. Também fundou e editou os jornais *Left & Right: A Journal of Libertarian Thought* (1965-1968), *The Libertarian Forum* (1969-1984) e *Rothbard-Rockwell Report* (1990-1998).

São 45 anos de publicações[17] que o tornaram o "defensor e estudioso mais prolífico e ativo das ideias e preocupações que mais vividamente marcam o libertarianismo, reunindo a Escola Austríaca, a ética dos direitos naturais, a política anarquista e um interesse ardente na história"[18].

Um detalhe importante que merece nossa atenção: Rothbard conseguiu conciliar seu ativismo pelo libertarianismo com a manutenção de uma alta produção de artigos, livros e textos sem ter acesso à internet, ao Google, às redes sociais, a e-mails, e muito menos a telefones celulares. Hans-Herman Hoppe confessou que, nos dez anos que conviveu com ele (entre 1986 até 1995), o equipamento mais moderno que Rothbard usou, até o fim de sua vida, foi uma máquina de datilografar

---

17 Em agosto de 2023, o indexador Google Scholar elencava 339 artigos de M. N. Rothbard, com mais de 14 mil citações dessas obras.

18 DOHERTY, Brian. Prefácio para GORDON, David. *Strictly Confidential: The private Volker Fund Memos of Murray N. Rothbard*. Auburn: Mises Institute, 2010.

elétrica[19]. Atualmente, mesmo com tanta tecnologia e facilidade de acesso a conteúdo, acho difícil encontrar alguém tão produtivo quanto ele foi.

Rothbard, Mises e seus críticos[20]

Aqui quero me debruçar não tanto sobre a produção acadêmica, mas seus caminhos e feitos. É bom lembrar que Rothbard foi para a Universidade de Columbia e lá encontrou um de seus professores, George Stigler, que na época estava desenvolvendo argumentos críticos ao controle de preços e aluguéis. Stigler (laureado com o Prêmio Nobel de Economia em 1982) publicou, com Milton Friedman, um texto sobre esse tema na Foundation for Economic Education - FEE, e Rothbard foi conhecer a sede da organização. Lá conheceu Ludwig von Mises, que o impactou significativamente na defesa da economia de livre mercado. Em 1949, *Ação Humana* foi publicado, e Rothbard devorou o livro. Ele se juntou ao seminário que Mises promovia na Universidade de Nova York, e tornou-se um dos seus principais participantes.

Para Rothbard, Mises era uma pessoa muito doce, muito educado, e um fantástico professor, que instigava as pessoas a pesquisar. Talvez essa própria característica de Mises ser um promotor das pesquisas, dos projetos de pesquisa, um promotor dos avanços teóricos, tenha

19 Relato de Hans-Herman Hoppe durante sua palestra "Coming of Age with Murray", em 7 de outubro de 2017, durante a comemoração dos 35 anos do Mises Institute, em Nova York.

20 Este trecho é resultado de uma longa conversa que tive como Samuel Vaz-Curado e Sergio Alberich, que tivemos a ideia de transcrever e depois organizar. Nesse sentido, gostaria de creditar a autoria a eles.

também inspirado o próprio Rothbard a fundar revistas acadêmicas. Claro que não eram grandes amigos no estilo *best-friends-forever*, mas havia muito respeito, o que significa muito, dado o grande formalismo com que Mises conduzia suas relações pessoais. Quando Rothbard aponta Mises como "intransigente", observe que se trata de um elogio: alguém que se mantém firme em suas ideias e proposições.

Imagine: Rothbard escreve seu mais importante livro com trinta e seis anos − muito jovem para alguém no meio acadêmico, preenchendo diversas lacunas de Mises, que acaba parabenizando-o e publicando uma crítica de *Indivíduo, Economia e Estado*, destacando a importância do pensamento do dr. Murray. Eram duas pessoas que se respeitavam muito, o Rothbard sempre disse que o principal mestre da vida intelectual dele é Mises, mais do que qualquer outra pessoa.

É bem verdade que Mises dirige duras críticas ao anarcocapitalismo, mas sempre existiram registros de elogios à pessoa de Rothbard. Muito se deve à diferença até cultural entre os dois: Mises nasceu e cresceu na Viena em que emergiam grandes pensadores no período anterior à I Guerra Mundial; Rothbard é um judeu do Brooklyn, com sua maneira descolada de falar.

Rothbard lecionou na Brooklyn Polytechnic Institute de meados da década de 1960 a meados da década de 1980. Não era uma instituição de ponta, mas permitiu que ele tivesse condições de ser bem produtivo na formulação de suas teorias. Só em 1986 iria conseguir uma posição acadêmica relevante de S. J. Hall

Distinguished Professor of Economics[21] na Universidade de Nevada, Las Vegas. Nesse hiato algo sensacional aconteceu: a fundação do Ludwig von Mises Institute, em Auburn, Alabama, por Lleweellyn H. Rockwell em 1982. Rothbard participou ativamente da fundação como vice-presidente acadêmico.

Mas por que Rothbard vai atrair para si críticas, tanto dentro como fora do movimento liberal, dado o volume de contribuições? Quero identificar aqui dois pontos importantes para registrar essas críticas.

O primeiro ponto é a forma como Rothbard escreve. Ele "pesava a caneta" na hora de criticar. Não é difícil achar textos cujos próprios títulos são provocações: "O celebrado Adam Smith (1723-1790)"[22], ou "Desvendando Milton Friedman". Aí fica difícil fazer novos amigos, não é mesmo? Talvez uma idiossincrasia dele em desenhar heróis e vilões, mas também existe um senso de justiça histórica em dar protagonismo a autores que ficaram esquecidos, como Cantillon e Turgot.

O outro ponto, que de fato é importante registrarmos, está nas diversas críticas feitas ao livro *A Ética da Liberdade*. Muitos professores da época interpretaram o título do livro como algo muito pretensioso. Se o nome fosse "Uma Ética da Liberdade", talvez a crítica começaria na segunda página, e não direto na capa. Melhor seria um título como "Filosofia Política da Liberdade", que daria menos espaço para críticas. Mas esse livro traz

---

21 Cátedra financiada por um empresário libertário, prática comum no sistema universitário norte-americano. (N. E.)

22 "Celebrado" aqui em tom jocoso, visto Rothbard não tolerar a ideia de Adam Smith ficar com os louros de proposições feitas por Cantillon (1680-1734), para ele o verdadeiro fundador da economia moderna.

um conteúdo extremamente polêmico: o capítulo "As crianças e seus direitos".

Nesse capítulo é que surge a grande polêmica da venda dos filhos. Ele faz uma defesa do porquê a pessoa não pode ter determinados direitos positivos, e acabou sendo infeliz em sua argumentação. É um capítulo muito ruim, na verdade. O que não significa que se possa anular toda a obra dele, que é de gigante e possui um número extraordinário de contribuições.

Não podemos deixar de falar de como os conservadores americanos criticavam Rothbard pela sua posição antiguerra, que o deixava mais alinhado à esquerda americana do que aos liberais. Contudo é importante identificar o cenário americano da época da Guerra Fria. O principal ponto de desalinhamento é a questão de ser antiguerra ou ser pró-guerra, o que é muito forte entre os americanos. Outro ponto importante é que a esquerda americana era contra a Guerra Fria porque era uma guerra contra a esquerda, a URSS. No fim das contas foi a única guerra que a esquerda foi contra. Todos os governos de presidentes de esquerda (democratas) fizeram guerras ao redor do mundo.

Por fim, o Rothbard que participou ativamente da política é criticado, mas poucas pessoas entendem que política, e eleições principalmente, são um grande jogo que Rothbard tentou jogar, e aqui não dá para agradar todo mundo.

CAPÍTULO 3
Uma entrevista com Walter Block

❧

Como disse na introdução, assim que a ideia do livro veio, também me ocorreu que precisava falar com alguém que conviveu com Rothbard, para trazer mais elementos que nos possam ajudar a compreender sua vida e obra de forma definitiva. Sua morte prematura, em 1995, fez com que ele nos deixasse aos sessenta e nove anos. Nesse ano eu estava no meu primeiro ano de faculdade (que nem era economia: em 1994 entrei na faculdade de química, para só depois de alguns anos ir para as ciências econômicas), e fui conhecer as ideias da Escola Austríaca somente em 2010.

Dessa forma, precisava conversar com alguém que conviveu com ele, um ex-aluno, um amigo. No caso de Rothbard, existe uma situação pouco conhecida: ele costumava escrever tudo sozinho, e possuiu um único coautor em vida, alguém com quem compartilhou a experiência de escrever junto. Essa pessoa é o professor Walter Block.

Quem é Walter Block?

Walter Block é um economista americano, que teve como orientador de doutorado Gary Becker (agraciado com o Nobel de Economia em 1992), atualmente é professor da Loyola University New Orleans e *senior fellow* no Mises Institute. Tive o prazer de conhecê-lo pessoalmente em 2016 na minha primeira participação no Austrian Economics Research Conference - AERC, em Auburn, Alabama, uma conferência acadêmica que ocorre todos os anos, em março, na sede do Mises Institute.

Em 2018, quando assumi o cargo de editor-chefe da revista acadêmica do Instituto Mises Brasil, *MISES: Interdisciplinary Journal of Philosophy, Law and Economics*, acabei me aproximando mais ainda dele, pois se tornou um grande colaborador de nosso quadro do Corpo Editorial Científico.

Aí estava fácil. Era só mandar um e-mail perguntando "E aê? Blz? Bora conversar sobre o Murray?". Não foi bem assim a mensagem, mas a ideia foi essa. Para minha surpresa, rapidamente ele me respondeu *"Let's do it!"*. Então mandei as perguntas e ele respondeu. Segue a transcrição de nossa conversa, que ajustei para o formato de perguntas e respostas.

Adriano Paranaiba (AP): Sabemos que você conheceu Rothbard em 1966 e passou um tempo com ele até sua morte, em 1995. Portanto, você tem três décadas de interação pessoal com ele. Tendo isso em mente, gostaria de perguntar: você notou algum tipo de evolução ou mudança no pensamento de Rothbard? Tivemos um Rothbard diferente para cada década?

Walter Block (WB): Conheci Murray em 1965 ou 1966, acho que o último. Antes de conhecê-lo, Murray passou de monarquista a anarcocapitalista. A única outra questão sobre a qual ele mudou de opinião foi sobre o tema imigração, sob, penso eu, a influência nefasta do meu amigo Hans Hoppe. Escrevi sobre isso no artigo BLOCK, Walter E. "Hoppe, Kinsella and Rothbard II on Immigration: A Critique". *Journal of Libertarian Studies*, v. 22, nº 1, 2011, p. 593-623.

AP: Quando você conheceu Rothbard, em que fase de suas vidas você e ele estavam?

WB: Eu estava começando meus estudos de pós-graduação na Columbia University. Eu tinha vinte e quatro anos em 1965, quando comecei. Murray é quinze anos mais velho que eu, então ele teria trinta e nove anos. Acho que ele lecionava na Brooklyn Polytech naquela época. Certa vez, tive a honra de lecionar como substituto de Murray na BP quando ele teve que estar fora da cidade.

AP: Existem obras conhecidas e famosas de Rothbard, como *Indivíduo, Economia e Estado, Governo e Mercado, Por uma Nova Liberdade* e *A Ética da Liberdade*, por exemplo. Na sua opinião, existe algum trabalho subestimado dele e, em caso afirmativo, por quê?

WB: Sim. *Tudo* o que Murray escreveu foi subestimado. Se tivesse sido avaliado com precisão, o menor dos seus prêmios teria sido o Nobel de Economia. Mais ainda, ele seria reconhecido não como o maior economista do século passado, mas como o maior economista de *sempre*.

AP: Além de artigos acadêmicos, ele contribuiu com muitos ensaios (por exemplo, "The

Rothbard-Rockwell Report"). Quais são seus melhores trabalhos nesse tipo de escrita?

WB: Todos os artigos de Murray foram ótimos no **RRR**. Mas admiro mais aqueles sobre os quais ele teve mais coragem de escrever, e que acabou sendo mais preciso – os artigos sobre QI (coeficiente de inteligência).

AP: Numa entrevista, a frase "Há uma coisa boa em Marx: ele não era keynesiano" ficou famosa, e Rothbard falava em um contexto de que Marx estava morto. Isso poderia ser considerado um de seus erros analíticos?

WB: Marx estava fisicamente morto quando Murray escreveu isso sobre ele. Suas ideias estavam intelectualmente mortas nos EUA assim que ele escreveu sobre marxismo. Portanto, Murray não errou ao escrever isso. Contudo, atualmente, Marx ainda está "vivo", pois há muitos marxistas hoje em dia e uma retomada muito grande aqui nos Estados Unidos.

AP: Na sua opinião, qual é o *insight* mais importante de Rothbard?

WB: Essa é uma pergunta difícil de responder. Suponho que o seu material de guerra anti-imperialista foi o mais importante, na medida em que a guerra injusta mata mais pessoas do que o controle de rendas, a legislação antitruste, a lei do salário-mínimo etc.

AP: Na sua opinião, qual é a melhor frase de Rothbard?

WB: "Não é crime ignorar a economia, que é, afinal de contas, uma disciplina especializada e que a maioria das pessoas considera uma 'ciência sombria'. Mas é totalmente irresponsável ter uma opinião forte e vociferante sobre assuntos econômicos enquanto se permanece nesse estado de ignorância".

AP: Por que precisamos ler Rothbard neste novo milênio?

WB: Porque ele é um gênio, o melhor economista que já existiu. Suas contribuições são mais atuais do que nunca.

AP: Sei que você tinha muito em comum com Rothbard. O que você consegue elencar de características e curiosidades que vocês têm em comum?

WB: Temos muito em comum. Somos ambos judeus ateus, baixos e gordos. Ambos temos doutorado em economia por Columbia. Tenho orgulho de dizer que também tenho um ótimo senso de humor. Nós dois nos casamos com mulheres cristãs mais altas. Nós dois somos de Nova York. Somos economistas e libertários anarcocapitalistas. Somos ambos economistas austríacos. Ele foi meu mentor. Sou seu único coautor; tudo o mais que ele publicou, ele o fez sozinho. Eu era seu editor associado.

AP: Tamanha amizade e cumplicidade poderiam ter criado uma espécie de devoção sua a ele?

WB: Eu amo Murray. Mas tenho pelo menos 15 publicações em que faço críticas ao pensamento dele, com o objetivo de melhorar o legado que nos deixou.

Por fim, Walter Block me enviou esta lista:

Referências

BARNETT II, William; BLOCK, Walter E. "Mises, Rothbard and Salerno on Costs". *Corporate Ownership & Control*, v. 3, nº 2, p. 204-206, inverno 2005-2006.

——————. "Money: Capital Good, Consumers' Good, or (Media of) Exchange Good?". *Review of Austrian Economics*, v. 18, nº 2, p. 179-194, 2005.

——————. "On the Optimum Quantity of Money". *Quarterly Journal of Austrian Economics*, v. 7, nº 1, p. 39-52, 2004.

——————. "Saving and Investment: A Praxeological Approach". *New Perspectives on Political Economy*, v. 3, nº 2, p. 129-138, 2007.

——————. "The Optimum Quantity of Money, Once Again". *Economics, Management, and Financial Markets*, v. 7, nº 1, p. 9-24, mar. 2012.

——————. "Investment and Consumption: A critique of Rothbard's claim that there can be no such thing as governmental 'investment'". *Journal of Public Finance and Public Choice*, v. 27, nº 2-3, p. 183-188, 2009.

BLOCK, Walter E. "A Libertarian Case for Free Immigration". *Journal of Libertarian Studies: An Interdisciplinary Review*, v. 13, nº 2, p. 167-186, verão 1998.

——————. "Are Alienability and the Apriori of Argument Logically Incompatible?". *Dialogue*, v. 1, nº 1, 2004.

——————. "Contra Rothbard on Abortion and the Beginning of Human Life". *The Journal of Libertarian Studies*, v. 26, nº 1, p. 1-10, 2022.

——————. "Hoppe, Kinsella and Rothbard II on Immigration: A Critique". *Journal of Libertarian Studies*, v. 22, nº 1, p. 593-623, 2011(A).

_____. "Rejoinder to Hoppe on Immigration". *Journal of Libertarian Studies*, v. 22, n° 1, p. 771-792, 2011(B).

_____. "Toward a Libertarian Theory of Inalienability: A Critique of Rothbard, Barnett, Gordon, Smith, Kinsella and Epstein". *Journal of Libertarian Studies*, v. 17, n° 2, p. 39-85, primavera 2003.

BLOCK, Walter E.; FUTERMAN, Alan. *The Classical Liberal Case for Israel. With commentary by Benjamin Netanyahu.* Springer Publishing Company, 2021.

BLOCK, Walter E.; BARNETT II, William; SALERNO, Joseph. "Relationship between wealth or income and time preference is empirical, not apodictic: critique of Rothbard and Hoppe". *Review of Austrian Economics*, v. 19, n° 2, p. 69-80, 2006.

BLOCK, Walter E.; KLEIN, Peter; HANSEN, Per Henrik. "The Division of Labor under Homogeneity: A Critique of Mises and Rothbard". *The American Journal of Economics and Sociology*, v. 66, n° 2, p. 457-464, abr. 2007.

CAPÍTULO 4
Filosofia e história para explicar economia

Sem praxiologia, nenhuma economia pode ser verdadeiramente austríaca.
Murray Rothbard

Como os economistas *mainstream* pensam e explicam os fenômenos econômicos? Eles levantam dados, informações, buscam identificar correlações e causalidades e criam suas teorias: eles extraem dos fatos o seu conhecimento teórico. Para Rothbard, esse método é irrealista e insuficiente.

Não é por menos que sempre aparecem nos jornais e noticiários manchetes como "o PIB ficou menor que o esperado", ou "a bolha do mercado imobiliário pegou os economistas de surpresa". Quantos economistas erraram em suas previsões? Eu não sei, mas é um número exorbitantemente maior do que os que acertaram. E esse é um ponto importante para o que quero falar aqui: já pararam para perceber que transformaram a profissão de economista em algo muito próximo da de vidente? A notícia de "acertou a previsão" é a prova disso. Veja o que Rothbard disse a respeito:

Nos últimos anos, os economistas invadiram outras disciplinas intelectuais e, com o nome duvidoso de "ciência", empregaram, de forma assombrosa, hipóteses exageradamente simplificadas, a fim de tirar conclusões generalizantes e provocadoras sobre áreas das quais conhecem muito pouco. Essa é uma forma moderna de "imperialismo econômico" no âmbito do intelecto[23].

É sobre isto que orbita a grande contribuição de Rothbard: entender que o jeito de pensar economia está errado, e melhor: nos (re)apresentar o jeito certo de fazer isso.

O que os economistas usam para fazer "ciência" está intimamente ligado ao desejo de prever resultados econômicos futuros. Para fazer previsões quantitativas, o economista convencional deve tentar encontrar correlações quantitativas que possam então ser extrapoladas para o futuro, o que requer "tratar os indivíduos não como criaturas únicas, cada uma com os seus próprios objetivos e escolhas, mas como pedaços homogêneos e, portanto, previsíveis"[24]. Contudo, como enfatizou Mises[25], esse esforço para homogeneizar e analisar quantitativamente a ação humana esbarra em um obstáculo intransponível, que é o fato de que os seres humanos são intrinsecamente criativos e escolhem de forma subjetiva seus cursos de ação, podendo aprender e mudar seus

---

23 ROTHBARD, Murray N. "The Hermeneutical Invasion of Philosophy and Economics". *Economic Controversies* Auburn: Ludwig von Mises Institute, 2011, p. 119-136.
24 Rothbard, 2007 [1985].
25 Mises, 2007 [1957].

rumos, em vez de serem controlados exclusivamente de maneiras previsíveis e invariáveis por forças externas mensuráveis.

O fato da ação intencional humana é "verificável"? É "empírico"? Sim, mas certamente não da forma precisa ou quantitativa a que os imitadores da física estão acostumados. O empirismo é amplo e qualitativo, decorrente da experiência humana; não tem nada a ver com estatísticas ou eventos históricos. Além disso, depende do fato de sermos todos seres humanos e podermos, portanto, utilizar esse conhecimento para aplicá-lo a outros da mesma espécie. Ainda assim, o axioma da ação intencional é menos "falseável". Uma vez mencionado e considerado, é tão evidente que constitui a medula da nossa experiência no mundo[26].

Para Pickering[27], Rothbard destaca repetidas vezes como "cada evento histórico é uma resultante complexa e única de muitos fatores causais"[28]. No entanto, a sua ênfase nesse ponto não pretende estabelecer um muro entre teoria e história, mas sim sublinhar que os acontecimentos históricos são complexos e não podem ser homogeneizados e quantificados de forma a

....

26 Rothbard, 2007 [1985], p. xvi-xvii.

27 PICKERING, G. "O potencial inexplorado do prefácio de Rothbard à obra *Teoria e História* como texto introdutório à metodologia austríaca". *MISES: Interdisciplinary Journal of Philosophy, Law and Economics*, v. 9, São Paulo, 2021. DOI: 10.30800/mises.2021.v9.1357.

28 ROTHBARD. M. N. Prefácio para *Teoria e História* de MISES, L. v. Auburn: Instituto Ludwig von Mises, 2007 [1985].

que possamos inferir deles *insights* teóricos válidos. Pelo contrário, é "o próprio evento histórico complexo [que] precisa ser explicado por várias teorias".

Assim, como deveria ser o trabalho do economista?

O papel do economista seria construir de modo lógico-dedutivo uma teoria econômica que desse suporte para a análise dos fatos.

E os economistas que estudam a história econômica?

Aplicar a teoria econômica pura à tarefa de explicar as forças causais que atuam por detrás dos acontecimentos da história, que não podem, elas próprias, ser diretamente observadas.

Essa é uma função crucial no caso de acontecimentos há muito passados, mas talvez ainda mais para aqueles que investigam a "história" na definição misesiana, que inclui todos os acontecimentos que ocorrem antes deste momento exato, incluindo a história muito recente que, normalmente, seria chamada de acontecimentos atuais.

> A cegueira do pensamento econômico em relação às realidades do mundo é sistêmica, e é produto da filosofia utilitarista que já tem dominado a economia há um século. [...] Os economistas terão de se acostumar com a ideia de que nem toda a vida pode ser abarcada pela nossa disciplina. Uma lição dolorosa, sem dúvida, mas que é compensada pela compreensão de que pode ser bom para as nossas almas perceber os

próprios limites – e, apenas talvez, aprender algo sobre ética e justiça[29].

Nesse contexto, é importante esclarecer aqui que a praxiologia é a ciência desenvolvida, na verdade sistematizada por Mises, para o estudo da Ação Humana, à qual a Economia está subordinada. Desde a fundação da Escola Austríaca, por Carl Menger, a semente de um método teórico foi plantada, seguindo os conceitos de individualismo metodológico e subjetivismo.

O professor Ricardo Feijó, em seu livro *Economia e Filosofia na Escola Austríaca*, define a praxiologia como:

> Um agrupamento de conceitos categóricos que se desdobram logicamente em outros conceitos. A partir da identificação lógica dos predicados derivados de conceitos, o conjunto das proposições teóricas é estabelecido.

Rothbard sistematiza isso – e esta é para mim a melhor característica dele: esclarecer conceitos complexos – e expande a praxiologia, avançando a abordagem de Mises.

---

29 ROTHBARD, Murray N. *et al. The myth of efficiency*. Reimpressão de *Time, Uncertainty, and Disequilibrium*. Mario Rizzo (ed.). Lexington: DC Health, 1979, p. 90-95.

CAPÍTULO 5

A ética libertária de Rothbard

❧

O autor mais relevante a tratar de uma ética libertária na perspectiva da Escola Austríaca de Economia foi Murray Rothbard, especialmente em seu livro *A Ética da Liberdade*, publicado pela primeira vez em 1982.

Como registro aqui, e até mesmo para não parecer que ele "tirou a ideia da cartola", autores como Lysander Spooner (1808-1887) e Benjamin Tucker (1854-1939) já defendiam o libertarianismo.

Fundamentado na teoria dos direitos naturais, Rothbard apresenta uma proposta de ética libertária com bases na teoria da apropriação de John Locke e na tradição de Tomás de Aquino. Aqui temos uma ética baseada nos direitos naturais, que acaba sendo um contraponto à ética misesiana, baseada no utilitarismo.

Para Rothbard (2010), a questão da propriedade privada é o cerne de uma ética racionalmente construída, porque é a maneira ótima de se reduzir conflitos. Qualquer outra maneira que venha a ser escolhida para se decidir a resolução de um conflito será arbitrária e gerará mais conflitos do que a simples utilização do conceito lockeano de *homesteading* (o ato de misturar seu trabalho com recursos naturais não possuídos) e de trocas voluntárias[30].

> Apesar da terra e de todas as criaturas inferiores serem propriedade comum de toda a humanidade, cada homem é proprietário de sua própria pessoa, sobre a qual mais ninguém detém direito algum. O trabalho do seu corpo e o labor das suas mãos são seus, há que o reconhecer [...]. E é por essa via que a transforma em propriedade sua[31].

A ética libertária de Rothbard é baseada principalmente no fato de que os indivíduos têm direitos naturais e inalienáveis que derivam de sua existência como seres humanos, mesmo que não tenham ideia desses direitos. Esses direitos incluem a propriedade privada e a liberdade individual. E podemos organizá-los em quatro pontos fundamentais:

O primeiro é o **direito de propriedade**. Rothbard sustenta que cada indivíduo tem o direito natural à propriedade privada, que é adquirida por meio de *homesteading* ou de transferência voluntária. Isso significa que a apropriação de recursos naturais e a troca voluntária são consideradas moralmente legítimas.

O segundo é o **princípio da não agressão** - PNA. O princípio da não agressão é fundamental na ética libertária de Rothbard. Ele argumenta que é moralmente errado iniciar a agressão física ou a coerção

---

30 KAESEMODEL, G. P. "Autopropriedade e a Ética Libertária". *MISES: Interdisciplinary Journal of Philosophy, Law and Economics*, São Paulo, v. 6, n 1, 2018. Doi: 10.30800/mises.2018.v6.113.

31 LOCKE, John. *Segundo tratado sobre o governo*. LeBooks Editora, 2018.

contra outro indivíduo, sua propriedade ou seu contrato voluntário. Isso implica que o uso da força só é justificável em legítima defesa.

Como terceiro ponto, Rothbard enfatiza a importância dos **contratos voluntários** como a base das interações humanas. Qualquer acordo ou contrato que seja voluntariamente celebrado por todas as partes envolvidas é considerado moralmente válido.

Por fim, o mais polêmico: a **eliminação do Estado**, como decorrência dos três pontos anteriores combinados. Rothbard defende o anarcocapitalismo, que é uma forma de anarquismo que busca a eliminação do Estado como instituição coercitiva. Ele acredita que todas as funções atualmente desempenhadas pelo governo, como proteção, segurança e justiça, podem ser fornecidas de forma mais eficaz e moral por meio de mercados livres e instituições voluntárias.

Sobre este último ponto, cabe fazer a consideração que o próprio Rothbard faz sobre a eliminação do Estado, que, por estar nas últimas páginas de *A Ética da Liberdade*, muitos libertários passam por alto (está na página 340 de um livro de 354 páginas):

> Será que o libertário deve necessariamente confinar-se à defesa da abolição imediata? As reivindicações transitórias, os passos em direção à liberdade na prática, são, portanto, ilegítimos? Certamente não, já que, de modo realista, não haveria então nenhuma esperança de se alcançar o objetivo final. Portanto, cabe ao libertário, ansioso para atingir o seu objetivo o mais rápido possível, pressionar o regime cada vez mais em

direção a esse objetivo. Claramente, esse caminho é difícil, pois o perigo de se desviar do rumo do objetivo supremo da liberdade, ou mesmo de enfraquecê-lo, sempre existe. Mas trilhar esse caminho, dado o estado do mundo no passado, presente e futuro próximo, é vital se algum dia quisermos que a vitória da liberdade seja alcançada. As reivindicações transitórias, então, devem ser estruturadas de modo que elas (a) sempre exponham o objetivo supremo da liberdade como o fim desejado do processo transitório; e (b) nunca deem passos, ou usem meios, que explícita ou implicitamente contradigam o objetivo.

Aqui fica claro que Rothbard é um defensor do fim instantâneo do Estado, mas tem consciência de que isso não é possível, e adota uma perspectiva prática de como alcançar isso. Claro, ele não é uma criança birrenta. Como diz o professor Rodrigo Saraiva Marinho[32] em diversas de suas palestras, "se existisse um botão em que, se você apertasse, o Estado acabaria, eu certamente apertaria, mas esse botão não existe".

O que nos serve de consolo é que podemos, no nosso dia a dia, como indivíduos, dentro de nossas relações sociais, iniciar essa fagulha colocando em prática os pontos apresentados por Rothbard, como praticantes da ética libertária.

---

32 Rodrigo Saraiva Marinho é advogado, professor, mestre em Direito Constitucional e empresário. Também é conselheiro administrativo e fiscal do Instituto Mises Brasil e sócio da LVM Editora.

CAPÍTULO 6
O *opus magnum*: Indivíduo, Economia e Estado

A grande obra *Indivíduo, Economia e Estado* levou sete anos para ser concluída, e foi revisada por L. v. Mises, que acabou descrevendo-a como uma importante contribuição para a ciência geral da ação humana, e que todos os estudos nesse ramo do conhecimento terão que levar em conta as teorias e críticas expostas nesse livro essencial.

> Dr. Rothbard já é conhecido como autor de diversas monografias excelentes. Agora, como resultado de muitos anos de meditação sagaz e perspicaz, ele se junta às fileiras dos economistas eminentes ao publicar uma obra volumosa, um tratado sistemático de economia.
> A principal virtude deste livro é ser uma análise abrangente e metódica de todas as atividades comumente chamadas de econômicas. Considera essas atividades como ação humana, isto é, como um esforço consciente para atingir fins escolhidos, recorrendo aos meios apropriados[33].

---
33 MISES, Ludwig von. "Man, economy and state: A new treatise on economics". *New Individualist Review*, v. 2, nº 3, p. 39-42, 1962.

Essa obra, além de constituir um importante tratado de economia, é uma das responsáveis pelo renascimento científico da Escola Austríaca de Economia, quando foi publicada pela primeira vez em 1962.

Tradução errada?

Mas você deve estar se perguntando: se o título do livro é *Man, Economy and State*, por que a tradução foi *Indivíduo, Economia e Estado*? Não seria mais fidedigno se fosse "Homem, Economia e Estado"?

Partindo do óbvio preceito de que uma tradução não é meramente uma transliteração de palavras, mas também de conceitos, entendemos que para bem traduzir uma obra dessa envergadura devemos antes compreender o cerne das ideias expostas no livro, além do contexto amplo em que ela está inserida. Logo no capítulo 1, "Os Fundamentos da Ação Humana", o autor se aprofunda no desenvolvimento filosófico de Ludwig von Mises com relação à ação do homem na sociedade; e posteriormente, no segundo capítulo, "Troca Direta", percebe-se que o referido *homem*, debatido e compreendido na filosofia individualista de Rothbard, apoiado nas definições de Mises em *Ação Humana*, nada mais é que o homem-agente, uma pessoa, singular, capaz de escolhas e ações mensuráveis, e não meramente uma categoria existencial ou de espécie, um coletivo de seres humanos. O homem não é meramente um membro de uma espécie, mas adquire características especiais de indivíduo como ser pensante, dotado de subjetividade e ação proposita-da. Esse é o cerne da filosofia de Rothbard: *homem* é o indivíduo capaz de agir, escolher e empreender projetos na sociedade, e por isso gerar trocas, investimentos e estruturar planos. Tomemos como exemplo dois trechos de *Indivíduo, Economia e Estado*, onde Rothbard afirma:

> A primeira verdade que devemos descobrir sobre a ação humana é que ela só pode ser levada a cabo por *"atores" individuais*. Somente *os indivíduos têm fins e podem agir para alcançá-los*. Não existem fins ou ações de *"grupos, "coletividades" ou "estados"* que não ocorram por meio de *ações de diversos indivíduos específicos*. As "sociedades" ou "grupos" não têm existência independente das ações de seus membros individuais (grifos nossos).

E mais diante:

> *Os homens* encontram-se em um certo ambiente, ou situação. É essa situação que *o indivíduo* decide mudar de alguma maneira para atingir seus fins. Mas *o homem* só pode operar com os diversos elementos que encontra no seu ambiente, reordenando-os de uma forma adequada para alcançar seus fins (grifos nossos).

Como percebemos, "homem" e "indivíduo", na concepção de Rothbard, quando não está se referindo ao conjunto, são termos mutuamente redutíveis, trata-se do agente, ou dos agentes, que modificam a realidade e o ambiente, e não de um coletivo amorfo e abstrato. No capítulo 2 da obra fica claro também que a lógica de mercado defendida por Rothbard, a de trocas livres e acessíveis, só faz sentido quando consideramos pragmaticamente o indivíduo, o ser agente, independente e não massificado; e, dessa maneira, o coletivo de "homem" muitas vezes sequer participa da descrição argumentativa do autor – a não ser por espelhamento comparativo, exemplos críticos ou contextos óbvios em que ele se torna necessário como apoio de tese.

Manual de economia

Neste ponto quero fazer a seguinte observação: trata-se de mais do que um livro – é um excelente exemplo de manual de economia, que nos dá a compreensão correta do estudo dessa ciência. Digo isso pelo volume de exemplos que ele vai elencando para ajudar na compreensão dos conceitos, falando de Robson Crusoé e da economia do Arcanjo Gabriel.

Agora vamos fazer a seguinte observação: como são os manuais de economia que encontramos por aí, e são amplamente utilizados nas escolas e universidades do mundo? Todos dividem a economia em duas: microeconomia e macroeconomia.

Microeconomia, por sua vez, é dividida em Teoria do Consumidor e Teoria da Firma, enquanto em macroeconomia estudamos os agregados econômicos e sua influência na formação da contabilidade nacional, da renda, juros, moeda e relações internacionais.

O "pulo do gato" no livro de Rothbard está na reorganização das ideias para que a economia seja compreendida à luz da ação humana. Não é por menos que o livro começa com a apresentação dos fundamentos da ação humana.

Depois de começar corretamente, a nova forma de apresentar a economia para ser estudada será fascinante. Aqui, sob minha interpretação, e até mesmo como um método de análise da obra, gosto de dividir o livro em seis partes:

- Fundamentos da Ação Humana (capítulo 1);
- Teoria dos preços (capítulos de 2 a 4);
- Teoria da Produção (capítulos de 5 a 9);
- Teoria do Monopólio (capítulo 10);
- Teoria do dinheiro (capítulo 11);
- Teoria do Intervencionismo (capítulo 12).

A primeira parte já abordamos aqui, sobre a importância que ele deu na apresentação do método que iremos utilizar ao longo de todo o livro, a praxiologia, a ciência da ação humana.

A segunda parte, os economistas desavisados entenderiam que seria uma releitura da microeconomia. Ledo engano. Aqui Rothbard apresenta que tudo, mas *tudo* mesmo está sob os desígnios de uma lei muito importante, até mesmo para os economistas neoclássicos e demais: a lei da oferta e demanda. Trocas diretas, indiretas, dinheiro e renda (estes dois últimos estudados em macroeconomia) são determinados pelo entendimento praxiológico da relação entre oferta e demanda.

Por sua vez, a terceira parte vai abordar a produção, e novamente alocar os conteúdos de forma correta: o mudo real que os produtores encontram e como eles reagem. Rothbard faz algo que é muito difícil encontrar nos manuais de economia: ele mostra o que é empreendedorismo e como isso afeta a produção[34].

Na teoria do monopólio, que chamei de quarta parte do livro, encontra-se um grande tesouro: a contribuição de Rothbard para revisar e avançar a forma como os economistas austríacos interpretam o monopólio.

Mises destacou que a discussão sobre a existência de monopólios deveria ser entendida como uma existência temporal. Isso significa que essas estruturas de mercado não podem ser interpretadas como algo que antagoniza um mercado competitivo. Na verdade, o monopólio seria um estado relativo de um processo de mercado.

> A coexistência temporária de uma pluralidade de preços para a mesma mercadoria é o resultado do fato de as forças que promovem a mudança ainda estarem em funcionamento e de um estado de equilíbrio ainda não ter sido alcançado[35].

O trabalho de Rothbard refina e corrige a definição de monopólio no contexto austríaco. Ele define monopólio como "uma concessão de privilégio especial por parte do Estado, reservando uma determinada área de produção a um determinado indivíduo ou grupo"[36,37].

---

34 Convidei o prof. dr. Fernando D'Andrea, PhD em empreendedorismo, para escrever o posfácio deste livro sobre essa visão de Rothbard sobre o empreendedorismo.

35 Mises, 1998, p. 3.

36 Rothbard, 2009, p. 669.

37 O professor Salerno (2003, p. 59) escreve que "Rothbard (1993, p. 586-615) assim demonstrou, muito mais tarde, que se é logicamente inadmissível usar o custo médio de longo prazo, ou o preço que seja compatível com a

Monopólios são mantidos apenas por meio do poder de coerção estatal, o que representa forte intervencionismo e concessão de privilégios, caracterizando assim um cenário incompatível com o mercado livre[38]. Com a proteção estatal, o monopolista é livre para cobrar preços acima dos preços de mercado. Sem proteção estatal, essa estrutura só pode acontecer se o monopolista produzir numa economia de escala, minimizando custos e consequentemente praticando preços de mercado.

Para Costea[39], "Mises tenta incorporar o conceito neoclássico de preço de monopólio na estrutura do processo de mercado" – Rothbard, corrige isso[40].

No capítulo 11, que particionei como compondo uma quinta parte, Rothbard "amarra as pontas", como ele mesmo descreve, sobre o tema. É verdade que ele já falava de dinheiro desde o capítulo 2, e também no capítulo 4 e no capítulo 6, pelo simples motivo de entender que o dinheiro faz parte das trocas, desde o fim do escambo, então não haveria lógica em explicar trocas de bens (que os economistas fazem na microeconomia) sem

---

ausência de retenção de unidades de um estoque existente como padrão para preço competitivo, então a distinção entre preço competitivo e preço monopolista é ilusória no mercado livre. A teoria do preço de monopólio só pode então ser aplicada a uma situação em que a curva de procura do mercado livre que o vendedor de um bem enfrenta é coercitivamente distorcida e tornada mais inelástica por barreiras legais à entrada impostas pelo governo".

38 Block, 1997.

39 2003, p. 60.

40 Para ver mais sobre a diferença dos conceitos de monopólio na visão dos neoclássicos, de Mises e Rothbard, sugiro a leitura do artigo PARANAIBA, A. e MAZZONI, J. F. R. "Murray Rothbard's Monopoly Theory applied to the Brazilian Transport Sector: An overview". *MISES: Interdisciplinary Journal of Philosophy, Law and Economics*, São Paulo, v. 11, 2023. Doi: 10.30800/mises.2023.v11.1455.

citar o dinheiro (que os economistas vão estudar apenas na macroeconomia).

Chegou a hora de reunir as pontas da nossa análise do mercado concluindo nosso estudo do dinheiro e dos efeitos das mudanças nas relações monetárias sobre o sistema econômico[41].

Por fim, mas não menos importante, na última parte Rothbard apresenta como ele fez o diagnóstico de como o Estado promove intervencionismo na vida dos indivíduos. Inicialmente ele havia escrito algo mais longo, o capítulo seria dividido em sete partes, mas ao final acabou deixando um capítulo menor, que foi publicado no livro. Posteriormente publicou *Power and Market,* onde aquilo que havia sido escrito para compor aquele capítulo é apresentado de forma mais ampla[42], e acabou se tornando uma proposta de tipificação da intervenção econômica.

E se o próprio Rothbard deixou para explicar melhor o intervencionismo em outro livro, também vou deixar para tratar disso em outro capítulo.

---

41 Rothbard, 2023, p. 637.
42 Em conversa com o professor Jeffrey Herbener, Rothbard percebeu que a ação do Estado é tão grande e nefasta que merecia um livro em especial.

CAPÍTULO 7
O diagnóstico perfeito do intervencionismo econômico

Rothbard desejava que o último capítulo do livro *Indivíduo, Economia e Estado* fosse *Power and Market* [*Poder e Mercado*] publicado posteriormente em separado. O Mises Institute publicou essas duas obras juntas em uma *Scholar's Edition*. *Power and Market* é composto por sete capítulos com análises sobre os tipos de intervenção do Estado e os danos causados por essas intervenções.

Para nós, brasileiros, a LVM Editora, ao publicar *Indivíduo, Economia e Estado*, manteve os dois apêndices originais. *Power and Market* foi traduzido pelo Instituto Mises Brasil anteriormente, com o título *Governo e Mercado: A economia da intervenção estatal*. Novamente, aqui vemos uma preocupação editorial em trazer o título de forma mais acertada: traduzir como "Poder e Mercado" frustraria o conteúdo do livro, visto que para Rothbard o poder que tem a capacidade de realizar coerção sobre o indivíduo é o Estado. Por mais que o capítulo 12 de *Indivíduo, Economia e Estado* trate do intervencionismo, é no livro *Governo e Mercado* que Rothbard vai detalhar com brilhantismo sua importante contribuição sobre o tema.

Antes de avaliarmos a contribuição de Rothbard sobre o intervencionismo, é importante esclarecer que o estudo sobre o intervencionismo está presente como um dos principais objetos de estudo da Escola Austríaca de

Economia. O que Rothbard irá fazer é promover sua análise crítica e contribuir para a evolução do estado da arte, ou seja, dar sua contribuição para que a análise científica do intervencionismo pudesse ser desenvolvida para a próxima geração de pesquisadores da Escola Austríaca.

A primeira obra dedicada à análise do intervencionismo é *Kritik des Interventionismus: Untersuchungen zur Wirtschaftspolitik und Wirtschaftsideologie der Gegenwart* [*Crítica ao Intervencionismo: Estudo sobre a política econômica e ideologia atuais*] publicada em 1929 por Ludwig von Mises. Mas, existe na obra de Carl Menger (1840-1921), fundador da Escola Austríaca, a busca de um modelo econômico com menor intervenção estatal. Nas anotações de aula do príncipe herdeiro Rudolph, da Áustria, que foi seu aluno, é possível encontrar referências a que em casos normais a intervenção econômica do Estado é sempre prejudicial. Também em Eugen von Böhm-Bawerk (1851-1914) podemos encontrar duras críticas ao pensamento socialista, especialmente o de Marx, na esfera da formação do capital e dos juros. Essas críticas estavam mais voltadas para apresentar uma teoria nova e consistente do que propriamente estudar a fundo o intervencionismo como um processo, uma teoria.

Diversamente, Mises irá produzir um verdadeiro conceito teórico sobre o intervencionismo, que não parou na *Crítica* de 1929, mas se estendeu por diversas obras específicas sobre o tema:

> O mérito de retomar a crítica clássica ao mercantilismo, ampliada para uma crítica ao intervencionismo, coube ao economista austríaco Ludwig von Mises. Esse autor estudou diversos

aspectos desse sistema econômico, como o exame da ideologia intervencionista, o estudo da lógica das ações burocráticas e um estudo histórico sobre as consequências do intervencionismo, em especial a relação entre protecionismo e guerra, além, é claro, de seus trabalhos sobre a economia do intervencionismo[43].

É importante entender que a crítica de Mises tem como ponto de partida uma análise de intervenções de preços e da propriedade privada, que conduzem a intervenções cada vez maiores para corrigir as distorções causadas pela intervenção anterior. Com um fluxo de intervenções aumentadas, e sem alcançar sucesso algum, o Estado toma a decisão pela intervenção completa na economia – o socialismo.

Pode-se, portanto, facilmente concluir que não é concebível recorrer a controles de preços achando que são uma intervenção isolada na propriedade privada. O governo não tem como conseguir o resultado desejado e, por conseguinte, considera necessário caminhar, passo a passo, desde a intervenção isolada nos preços até o controle total sobre a força de trabalho e os meios de produção, sobre o que é produzido, como é produzido e como é distribuído. A intervenção isolada na operação do mercado apenas interrompe o serviço para os consumidores e força-os a procurar substitutos para os artigos que consideram mais importantes; assim, deixa-se de atingir o resultado pretendido pelo governo. A história do socialismo na guerra ilustrou com clareza esse fato.

---

43 Barbieri, 2013, p. 77-78.

Os governos que optaram por interferir nas operações do mercado sentiram a necessidade de, a partir da interferência isolada nos preços originais, ir chegando, passo a passo, à socialização completa da produção[44].

A contribuição de Mises será fundamental para a formação do escopo da Teoria do Intervencionismo dentro da Escola Austríaca, e trará elementos importantes para que Rothbard construa sua análise própria do intervencionismo. Contudo é pertinente identificar a oposição ao intervencionismo estatal, seja pelos precursores de Rothbard, seja pelos modernos pesquisadores daquela corrente econômica, que se tornou uma bandeira desses teóricos e pensadores. De fato, a repulsa pelo Estado e suas intervenções centralizadoras não podem ser creditadas a Rothbard, mas sim como uma herança de seus antecessores na Escola Austríaca, que de certa forma está no DNA de todo pesquisador dessa corrente. Mas a contribuição de Rothbard deixou sua marca indelével nesse tema.

A análise rothbardiana do intervencionismo

A grande contribuição de Rothbard sobre a Teoria do Intervencionismo é uma perspectiva diferente da dos demais austríacos. Não que ele pensasse diferente, muito pelo contrário − enquanto a tradição austríaca analisa os efeitos do intervencionismo, em uma forte avaliação de causas e consequências da ação estatal, Rothbard vai lançar seu olhar sobre o "como" se dá a

---

44 Mises, 1929, p. 155.

intervenção, observando na perspectiva da relação entre o Estado e as pessoas, sistematizando o que Mises havia apresentado em *Ação Humana*. No ponto de vista de autores como Fábio Barbieri e Don Lavoie, essa sistematização de Rothbard preencheu lacunas na teoria do intervencionismo de Mises.

Para caracterizar a intervenção, o ponto de partida da análise de Rothbard traz como alicerce a diferenciação dos conceitos de meio econômico e meio político de Franz Oppenheimer:

> Existem apenas dois caminhos para que o homem adquira riqueza: a produção ou a expropriação coercitiva. Ou, como diz de maneira perspicaz o grande sociólogo alemão Franz Oppenheimer, existem apenas duas maneiras de aquisição de riqueza. Uma é o método de produção, geralmente acompanhado da troca voluntária de tais produtos: isto é aquilo que Oppenheimer chamou de "meio econômico". O outro método é a apreensão unilateral dos produtos de outro homem: a expropriação da propriedade de outro homem por meio da violência. Oppenheimer sagazmente denominou este método predatório de se obter riqueza de "meio político"[45].

Visto que a análise de Rothbard busca explorar o conceito das relações, a forma como essas se dão entre os agentes – pessoas, corporações e organizações – ocorrerá

---

45 Rothbard, 2010, p. 108.

de forma voluntária ou não. Contudo, no caso do Estado, essa relação será sempre predatória, mesmo que sua origem possa ter ocorrido de forma voluntária, como a organização das 13 Colônias contra o Império Britânico, originando os Estados Unidos da América. Com o passar do tempo, a condição estatal caminhará para uma relação predatória, inevitavelmente. O método predatório do Estado pode ser desenhado da seguinte forma: o Estado não consegue produzir nada, e isso é um fato. Para que o Estado ofereça bens e serviços para a sociedade (saúde, educação, segurança, entre outros) deverá contratar empresas e pessoas para que essa oferta aconteça. Independentemente de existir ou não corrupção, e mesmo existindo o maior compromisso com a gestão, o Estado precisará de recursos para financiar as dívidas contraídas para se manter.

O grande fator que diferencia esse processo de oferta de serviços é que o Estado possui o monopólio do uso legítimo da força em seu território. O poder de polícia, em nome da ordem e bem-estar social irá garantir que todos contribuam para garantir a sustentabilidade financeira de todo o aparato estatal necessário para prover bem-estar social. O serviço "segurança", que deveria garantir a proteção das pessoas físicas e jurídicas, acaba sendo utilizado para garantir a segurança do Estado em relação a seus próprios cidadãos.

E quando os serviços e produtos oferecidos não atendem às demandas dos cidadãos? E quando os serviços não são oferecidos? Teremos descontos? Seremos ressarcidos? O dinheiro será devolvido com um singelo pedido de desculpas? Nada disso. O Estado irá reforçar seu poder aumentando os rateios pelos serviços e produtos, oferecidos ou não. Vejam que com o monopólio da força toda e qualquer responsabilidade de prestar um serviço estatal não fará sentido. E se você não pagar os impostos? Simples: terá seus bens confiscados. Será preso. Não existe forma mais violenta de ação do que a do Estado sobre a vida das pessoas.

Dessa forma, a intervenção estatal irá impor uma relação hegemônica, ou seja, uma relação de comando e obediência entre Estado (comando) e cidadãos (obediência). Essa relação é totalmente diferente da relação voluntária de colaboração entre pessoas, uma característica de economias livres, com menos intervenção do governo na relação entre pessoas. Essa relação hegemônica foi dividida em três categorias por Rothbard: intervenção autística, intervenção binária e intervenção triangular.

Intervenção autística

A intervenção autística é aquela em que o agressor (Estado) impede a ação da pessoa ou de sua propriedade sem receber nada em troca. São exemplos de intervenção autística:

- Homicídio;
- Agressão física;
- Obrigação ou proibição de qualquer saudação, discurso ou observância religiosa.

O mecanismo desta intervenção é o que mais agride a individualidade, chegando a ser materializada na agressão física em nome da ordem. Outro mecanismo é a promulgação de decretos que legalizam tais agressões.

Ainda que o invasor seja o Estado, que emite decretos para todos os indivíduos da sociedade, o decreto ainda é, por si mesmo, uma intervenção autística, visto que as linhas de força, por assim dizer, partem do Estado para cada indivíduo[46].

Intervenção binária

Esta intervenção é aquela em que o Estado obriga a pessoa a fazer algo de forma unilateral em troca de algum bem ou serviço. São exemplos de intervenção binária:

- Imposto de renda;
- Imposto sobre salários e ganhos de capital;
- Imposto sobre consumo;
- Imposto sobre propriedade (no Brasil temos o IPTU e ITU);
- Subsídios do Governo;
- Compra e manutenção de propriedade pública;
- Alistamento militar obrigatório;
- Inflação;
- Democracia.

Esses exemplos apontam as obrigações financeiras que o Estado impõe aos cidadãos na forma de tributação para sustentar os gastos do governo. Exceto a inflação, que é uma forma de imposto que o cidadão paga sem ver, pois perde poder de compra da moeda. O mecanismo para a intervenção via inflação é a expansão de crédito, ou, de forma didática, mais impressão de dinheiro. Nos

---

46 Rothbard, 1970, p. 19.

demais casos, é importante entender que, se o cidadão não quiser sucumbir à pressão estatal para o pagamento da tributação, existem duas opções: a primeira é a prisão; a segunda, a corrupção. Em todos os casos, o Estado sempre ganha. Não pagar tributos nos torna criminosos? Sim, mas o verdadeiro criminoso é o Estado, e não apenas moralmente falando, mas legalmente também – basta observar o Código Penal brasileiro (Decreto-Lei nº 2.848, de 7 de dezembro de 1940), em seu artigo Art. 157:

> Subtrair coisa móvel alheia, para si ou para outrem, mediante grave ameaça ou violência à pessoa, ou depois de havê-la, por qualquer meio, reduzido à impossibilidade de resistência:
> *Pena - reclusão, de quatro a dez anos, e multa.*

Mas como Rothbard analisou os Impostos Neutros e Voluntários? A corrente de economistas conhecida por *Public Choice* [Escolha Pública, em tradução livre] acredita que alguns bens são públicos, no sentido de uso coletivo, que não conseguem ser oferecidos pela iniciativa privada. Rothbard pontua que, se um bem não consegue ser oferecido pela iniciativa privada, como acreditar que conseguirá o Estado oferecer esse bem?

Mesmo o imposto sendo voluntário, a cobrança é coercitiva, ou seja, é voluntário até o momento no qual o indivíduo paga o imposto em dia. Os monopólios estatais de uma série de serviços públicos, por mais que exista a correta oferta dos bens e serviços, enquadram-se como intervenção binária, pois as pessoas são obrigadas a consumir esses bens e serviços do Estado. "A escravidão é, obviamente, uma troca forçada, pois, geralmente, o senhor precisa garantir a subsistência aos escravos"[47].

Intervenção triangular

A intervenção triangular é aquela em que o Estado interfere nas trocas que outras pessoas querem fazer entre si. O Estado irá obrigar ou proibir trocas de bens e serviços entre empresas e consumidores. Rothbard aponta que a intervenção binária pode ser dividida em "controle de preços" e "controle de produtos". Para controlar os produtos e preços o governo pode intervir da seguinte forma:

Controle de Produtos	Controle de Preços
Proibições	Política de preço mínimo
Licenças	Controle de preço máximo
Padrões de qualidade e segurança	Tarifas
Restrição de Imigração	Subsídios
Lei sobre trabalho infantil	Subvenções econômicas
Sindicalismo obrigatório	Seguro-desemprego
Desapropriações	Salário mínimo
Concessão de privilégio monopolista	

É importante destacar que uma intervenção via controle de produto promove um efeito sobre o nível de preços: a restrição de determinados produtos causará a escassez deles, elevando seus preços. Da mesma forma, o controle de preços pode influenciar no produto.

---

47 Rothbard, 1970.

Intervencionismo hoje

O controle de preços é a única intervenção em que os manuais de economia concordam com os libertários. Análises neoclássicas apontam que toda intervenção nos preços causa um fenômeno chamado de "peso morto", que é resultado de uma perda de bem-estar tanto de produtores quanto de consumidores. Contudo é uma das práticas mais realizadas: políticas de preço mínimo em produtos agropecuários, tarifas de importação e subsídios sempre estão presentes em planos (e ações) de governos. Até famosos governantes que são aclamados pela direita, por exemplo Ronald Reagan, defenderam em algum momento uma necessidade de controle de preços.

Quando o Estado não concorda com a oferta de um determinado bem ou serviço, uma dura legislação pode impedir que as pessoas possam fazer suas trocas voluntárias. Enquadram-se nessas intervenções a disruptura criada pelos aplicativos e *startups*, que tiram o sono dos intervencionistas: Uber, Airbnb, iFood, Buser e outros oferecem uma gama de formas para que as pessoas se relacionem e realizem suas trocas, tendo a tecnologia como intermediário, demonstrando como a presença estatal nessas trocas é, no melhor dos casos, inútil, e no pior deles, contraproducente. As avaliações dos usuários servem como controle de qualidade, sem a necessidade de uma agência reguladora; desempregados que possuem carro podem ser contratados como motoristas particulares, com preços combinados e acordados antes da prestação de serviço; um imóvel desocupado, ou até mesmo um quarto sem uso pode ser ofertado para interessados durante uma viagem. A tecnologia ajuda a resolver assimetrias de informação, a grande justificativa dos economistas defensores do intervencionismo.

A classificação de Rothbard deixa evidente o quão coerciva é a ação do Estado na vida das pessoas, e que muitas vezes usa seu poder de polícia como força para obrigar a adesão das pessoas ao sistema que pretende implantar, existindo ou não benefícios. Rothbard foi um inimigo do Estado e, atualmente, a tecnologia desempenha esse papel.

Referências

BARBIERI, F. "A Teoria Austríaca do Intervencionismo". *MISES: Interdisciplinary Journal of Philosophy, Law and Economics*, v. 1, nº 1, p. 75-86, 21 fev. 2013.

DOHERTY, Brian. Prefácio para GORDON, David. *Strictly Confidential: The private Volker Fund Memos of Murray N. Rothbard*. Auburn: Mises Institute, 2010.

KIRZNER, Israel M. *The meaning of the market process: Essays in the development of modern Austrian economics.* Routledge, 2002.

MISES, Ludwig von. *Crítica ao intervencionismo: Estudo sobre a política econômica e ideologia atuais*. São Paulo: LVM Editora, 2019.

ROTHBARD, Murray N. *A Ética da Liberdade*. São Paulo: Instituto Ludwig von Mises Brasil, 2010.

—————. *Economic controversies*. Ludwig von Mises Institute, 2011.

—————. *Man, economy, and state*. Ludwig von Mises Institute, 2009.

—————. *Power and market*. Ludwig von Mises Institute, 1970.

CAPÍTULO 8
Rothbard: atual e impetuoso

A maior ameaça ao Estado é a crítica intelectual independente.
Murray Rothbard

O quão atual podemos considerar o que Rothbard nos deixou em seus escritos? A resposta é simples: tudo. Por mais que as questões econômicas sejam universais e atemporais, como demonstramos ao longo deste livro, Rothbard escreveu para além da economia.

Por exemplo: temos algo em Rothbard que poderíamos usar para analisar os *lockdowns*, ou a pauta *woke* e ESG que vivemos na atualidade? Definitivamente, sim.

Críticas ao igualitarismo

Uma série de textos de Rothbard a respeito de sua posição sobre o igualitarismo foi reunida no livro *Egalitarianism as a Revolt Against Nature* [*Igualitarismo como Revolta Contra a Natureza*], publicado em 1974, mas outros textos foram publicados posteriormente sobre o tema, destacando-se aqui *Egalitarianism and the Elites* [*Igualitarismo e as Elites*], publicado em 1995.

A tese central de Rothbard é que o igualitarismo, a busca pela igualdade absoluta de recursos e oportunidades, é uma revolta contra a natureza humana e um equívoco filosófico. Rothbard argumenta que a desigualdade é um aspecto inerente à natureza humana e à sociedade, decorrente das diferenças individuais de habilidades, talentos e esforços. Ele sustenta que tentativas de nivelar essas desigualdades por meio de intervenções estatais como redistribuição de renda e controle de propriedade são injustas e ineficazes.

Melhor do que ninguém, Rothbard usa uma abordagem lógica e argumentativa para desconstruir os argumentos igualitários, destacando as consequências negativas que o igualitarismo pode ter para a liberdade individual e o funcionamento eficiente da economia. Ele também critica o poder do Estado, que muitas vezes é usado como instrumento para impor políticas igualitárias, e argumenta que tal intervenção estatal mina a liberdade e a autonomia das pessoas.

Nesse sentido, ele argumenta que, em uma sociedade de livre mercado, as pessoas têm a liberdade de buscar seus objetivos individuais, o que naturalmente leva a desigualdades, mas também a um aumento geral na prosperidade.

O quão a desigualdade é ruim quando todas as pessoas de uma determinada sociedade possuem prosperidade suficiente para que o mais pobre dentre todos possa viver em condições de conforto, dignidade e respeito à sua propriedade? Esse é o ponto, que até hoje é necessário abordarmos, e infelizmente, criticar a atualidade.

O *Detona Estado*

Dentre esse mar incontável de páginas escritas por Rothbard, por mais árdua que seja a tarefa de apontar qual obra se destaca como uma análise atual do que é o Estado, uma indicação para um *"Olá, prazer em conhecê-lo, Rothbard. Quem é você?"*, na qual sem sombra de dúvida aposto minhas fichas, é *Anatomia do Estado*. Escrito três anos após *Man, Economy, and State*, ou seja, quando Rothbard já havia desenhado e detalhado sua perspectiva sobre intervenção estatal, o autor consegue apresentar os pontos principais de sua crítica e as expõe de forma mais prática e objetiva nessa obra.

O professor Antony Mueller[48] descreve o livro como "pura dinamite intelectual"[49], o que acredito ser a melhor definição e explico o porquê da feliz metáfora. A dinamite é um composto que revolucionou o campo dos explosivos por dar estabilidade à nitroglicerina e ao mesmo ser necessária em pequeno volume para causar uma grande explosão[50]. É comum que pedreiras que utilizem esse composto causem rachaduras em casas localizadas num raio de cinco quilômetros. Outra característica importante da dinamite é que o processo de reação é uma detonação, e não uma deflagração. Detonação é um tipo de combustão supersônica em que a energia é liberada em forma de onda de choque, enquanto na deflagração

---

48 Doutor pela Universidade de Erlangen-Nuremberg, Alemanha, é especialista do Instituto Mises Brasil, Associated Scholar no Mises Institute e Senior Fellow no American Institute for Economics Research (AIER).

49 MUELLER, A. "A Anatomia do Estado". *MISES: Interdisciplinary Journal of Philosophy, Law and Economics*, v. 1. nº 1, p. 297-299, 2018. Doi: https://doi.org/10.30800/mises.2013.v1.239.

50 As "bananas" de dinamite têm aproximadamente 230 gramas.

a energia se propaga com transmissão de calor. *Anatomia do Estado* é exatamente isto: um livro com poucas páginas, mas de alto poder de impacto sobre o leitor.

Para nós, brasileiros, a cultura da dependência estatal tem alicerces profundos sobre os quais cresceu, ao longo de anos de doutrinação, lentamente, tal qual um grande muro, tijolo após tijolo, uma grande muralha. Não adianta explicar para as pessoas o que está do outro lado. Elas jamais compreenderão o jardim da liberdade que se encontra do outro lado e os horizontes de possibilidades que só o liberalismo pode oferecer. Essa muralha precisa ser "detonada". Iniciar o livro apontando o que o Estado não é implode grande parte dos argumentos em defesa do Estado, e é uma grande sacada de Rothbard.

Rothbard começa o livro de uma forma peculiar, que me influenciou na forma de analisar as coisas em minha carreira de pesquisador: ele começa apresentando o que o Estado *não é*. Isso é incrivelmente interessante, pois já começa derrubando os tabus para que, na sequência, apresente a sua definição do que *é* o Estado. O maior tabu sem dúvida é que nós, indivíduos, *não* somos o Estado, e que ele *não* nos representa.

Em seguida, ele vai descrevendo os fenômenos que mantêm o Estado cada vez mais forte, mas também aquilo que o Estado teme: tudo aquilo que possa limitá-lo.

Podemos testar a hipótese segundo a qual o Estado está mais interessado em se proteger do que em proteger seus súditos perguntando: que tipos de crimes o Estado persegue e pune com mais intensidade – os crimes contra os cidadãos ou os crimes contra o Estado? Os piores crimes no léxico estatal são quase sempre invasões não à pessoa ou propriedade, mas sim ameaças à tranquilidade do próprio Estado, como, por exemplo, traição, deserção de um soldado para as fileiras inimigas, desobediência ao recrutamento obrigatório, subversão e conspiração subversiva, assassinato de governantes e crimes econômicos contra o Estado, como falsificação de dinheiro e sonegação (Rothbard, 2018, p. 60-61).

Assim, *Anatomia do Estado* é uma obra que agrada leitores de diversos níveis de conhecimento sobre libertarianismo, pois disseca os conceitos tal qual uma aula de anatomia, e transforma muralhas em janelas, com a vista mais privilegiada de todas: a liberdade. Que sua leitura possa ser tão prazerosa e reveladora para você como foi para mim. Foi a partir dela que se construiu a grande admiração que tenho por Murray N. Rothbard, além do bom humor que transparece em seus escritos, e, por que não dizer também, me influenciou até na forma como componho meu terno, com suas famosas *bow ties* [gravatas-borboleta].

Assim, quando você ler a última frase desse livro, que possa dar um suspiro de alívio e refletir que, mais que irrepreensível, essencial ou inimigo, Rothbard é, sem dúvida, o *Detona Estado*.

POSFÁCIO
Empreendedorismo em Murray N. Rothbard

Fernando A. Monteiro C. D'Andrea, PhD[51]

O mercado não respeita glórias passadas, não importa quão grandes elas tenham sido.

Murray Rothbard

Não há teoria econômica válida se omite o papel do empreendedor num mundo de incerteza.

Murray Rothbard

Até o século XVIII, "empreendedor" era aquele que prestava serviços ao rei ou ao governo. Richard Cantillon (2010) foi o responsável por mudar o entendimento sobre essa palavra[52], posicionando o empreendedor como a pedra basilar de qualquer

---

[51] Doutor em Empreendedorismo pela Oklahoma State University. Professor na Embry-Riddle Aeronautical University, engenheiro de produção, fez seu mestrado em *Management Engineering* pelo Politecnico di Milano. É pós-graduado em Escola Austríaca e professor do Instituto Mises Brasil.
[52] Thornton, 2019.

mercado. A partir de Cantillon o empreendedor passa a servir aos consumidores, não mais ao rei.

Murray Rothbard segue Cantillon e adota a tradição da Escola Austríaca do empreendedor como um veículo para a melhoria de vida do consumidor. Ele parte de uma análise microeconômica, que ocorre ao nível das transações individuais, e desenvolve considerações mais amplas sobre o processo de mercado como um todo, incluindo as consequências das intervenções do poder político (algumas das contribuições de Rothbard para a teoria econômica e para as ideias políticas foram vistas nos capítulos anteriores).

Rothbard foi um autor muito prolífico. São dezenas de livros – alguns dos quais, em 2023, ainda em processo de edição e lançamento –, bem como centenas de artigos científicos e comentários na imprensa. Ele navegava com facilidade por filosofia, história e, claro, economia. Assim, seria tarefa hercúlea cobrir absolutamente tudo o que ele disse sobre um tema sem ser demasiadamente longo. Como seus mestres Menger, Böhm-Bawerk e Mises, e seus discípulos Salerno, Klein e Bylund, Rothbard adota uma visão causal-realista[53] para o estudo da economia. Rothbard posiciona o empreendedor como o centro de toda e qualquer atividade de mercado, dentro da teoria austríaca da produção[54]. Portanto, os escritos de Rothbard sobre economia têm o empreendedor como pano de fundo, ainda que sejam poucos (em proporção) aqueles que discutem exclusivamente o empreendedor.

53 Gordon, 2019.
54 Salerno, 2008, p. 188.

Aqui uso os originais de Rothbard e outros autores que comentam sua obra para apresentar um panorama e uma síntese da visão rothbardiana sobre o empreendedor. Os textos consultados partem de seu *opus magnum*, lançado quando o autor tinha trinta e seis anos, em 1962, *Indivíduo, Economia e Estado*. Nessa obra, os termos "empreendedor" e "empreendedorismo" aparecem pela primeira vez depois da página 60, e ocorrem mais de 300 vezes ao longo das quase 1.500 páginas. Rothbard também usa termos diferentes como "produtor", "investidor" ou "homem de negócios" para referir-se ao empreendedor. Além dos originais de Rothbard, uso também comentários dele sobre a Escola Austríaca[55], e sobre livros, coletâneas e artigos de outros autores[56]. De maneira complementar, uso contribuições de outros autores que, de alguma forma, apresentam as ideias rothbardianas sobre empreendedorismo[57]. Eventualmente outros textos também são mencionados, de modo a dar ao leitor a dimensão da importância da obra do nova-iorquino para o entendimento do tema.

Como um tema de ciências sociais, empreendedorismo é algo abrangente e complexo, de modo que se torna difícil fazer separações perfeitas entre as várias facetas e discussões. Neste texto, na medida do possível, fiz tais divisões com o objetivo de facilitar e guiar a leitura, mas o leitor deve ter sempre em mente que as ideias apresentadas, embora separadas para efeitos pedagógicos, são complementares. Na primeira parte, trato do que é o empreendedor e qual o seu papel na

---

55 1989, 2011.
56 1974, 1985, 1994, 1997.
57 Gordon, 2019; Salerno, 2004, 2008.

economia, usando inclusive o construto teórico da Economia Uniformemente Circular [*Evenly Rotating Economy* ou ERE]; depois trato das divergências de Rothbard com outros autores; falo sobre o que o empreendedor deve buscar e sobre a importância da boa teoria. Finalizo apresentando a sugestão de Rothbard sobre como os defensores do livre mercado devem agir quanto à figura do empreendedor.

Características do empreendedor

Seguindo Mises ao definir a ação humana como comportamento proposital[58], Rothbard[59] diz que qualquer ação enfrentará incerteza. Os atores usam julgamento subjetivo para balancear o conjunto de fatores complexos que acreditam que possa influenciar o resultado (uns podem levar a ação mais próximo de satisfazer o que o ator pretende, outros menos). Portanto, não é possível usar métodos objetivos, matemáticos, para chegar à "melhor" decisão sobre qual ação tomar. Todo ator precisa tentar prever o que irá acontecer ao longo do tempo até que sua ação e os resultados dela se concretizem. Rothbard chama essa necessidade de buscar prever o curso das condições relevantes e suas possíveis mudanças ao longo da ação de "ato empreendedor".

Para ele, portanto, em certo sentido, todo ser humano – sendo ele dono de um estabelecimento comercial ou não – é empreendedor em todas as suas ações. Toda ação humana busca satisfazer vontades,

---

58 2004, p. 1.
59 2004, p. 64-65, 277.

necessidades e desejos do agente usando os meios disponíveis para ele para atingir seus fins. Dessa forma, toda ação pede, necessariamente, uma estimativa *a priori* por parte do ator quanto à possibilidade de sucesso – ou as possíveis consequências do eventual fracasso. Sucesso e falha empreendedora são, por consequência, dependentes da ação e só podem ser avaliados depois do fato concretizado. O empreendedor de sucesso acertou em suas previsões sobre as condições do futuro e investiu de acordo; o fracassado, pelo contrário, errou em suas previsões sobre as condições relevantes do futuro no qual fez seu investimento[60].

Porém, uma abordagem tão abrangente impede o tratamento científico do tema. Dessa maneira, para que o tratamento científico desse papel e figura econômicos seja possível, deve-se definir o empreendedor num sentido mais restrito. Em específico, deve-se restringir a análise ao caso mais importante: "a força motriz que configura toda a estrutura e os padrões de produção na economia de mercado, o capitalista-empreendedor, aquele que empenha e arrisca seu capital para decidir quando, o que e quanto produzir"[61]. No capítulo 8 de *Indivíduo, Economia e Estado*[62], em especial em suas partes 1 e 8, Rothbard esclarece que toda produção deve ser guiada pelo empreendedor; e reforça a relevância do capitalista-empreendedor pois este é o "tipo mais importante de empreendedor"[63].

....

60 Rothbard, 2004, p. 64-65, 2011, p. 173.

61 Rothbard, 1985, p. 282.

62 Rothbard, 2004, p. 509-555.

63 Ibidem, p. 509.

Rothbard escolhe por adotar o termo cunhado por Böhm-Bawerk, "capitalista-empreendedor", que impede a separação dessas duas funções teóricas, distintas no mundo real, e deixa de lado o "promotor-empreendedor" sugerido por Mises[64].

Dessa maneira, embora seja possível dizer que quem compra para uso direto (como os consumidores finais) também está agindo de maneira empreendedora, essa ação implica julgar somente o que se terá vontade de consumir no futuro. Por outro lado, comprar para produzir e posteriormente vender para terceiros, ou seja, exercer a função do capitalista-empreendedor, é algo muito mais difícil, pois implica em prever qual será, no futuro, a valoração de outras pessoas quanto ao produto que se está produzindo.

Além de ser o ponto central de toda a teoria (e prática) da produção[65], Rothbard sugere outras características do empreendedor que ajudam a defini-lo e separá-lo dos outros agentes econômicos, não empreendedores, no mercado. O maior exemplo dessas diferenças é que o capitalista-empreendedor é o único agente econômico capaz de sofrer prejuízos (rendimentos negativos), enquanto os outros agentes, trabalhadores assalariados por exemplo, não correm tal risco em suas atividades[66].

Ainda sobre o mesmo tema, Rothbard afirma que a essência do empreendedorismo é produzir para o mercado[67], e para tanto o empreendedor deve estimar, com os melhores meios ao seu alcance, a demanda por

---

64 Salerno, 2008, p. 204.
65 Salerno, 2004, p. xxvii.
66 Rothbard, 2004, p. 604.
67 2004, p. 158.

aquilo que produz e os consequentes preços futuros de seus produtos ou serviços. Como dito antes, essa ação implica estimar como os outros agentes do mercado irão se comportar, ou seja, em buscar compreender quais serão as demandas subjetivas de outros atores (consumidores, fornecedores, concorrentes etc.) no futuro. O empreendedor deve ainda investir no capital (terra ou bens de capital) que será usado no processo produtivo; deverá comprar fatores de produção (ou seus serviços) no presente e vender o produto no futuro. Essa distância temporal entre a ação e o resultado exige que o empreendedor esteja sempre atento a eventuais desequilíbrios mercadológicos que possam oferecer rendimentos maiores que os normalmente encontrados no mercado. Isso é o que Rothbard denomina de função de alocação de capital, e é uma função econômica exclusiva do empreendedor[68]. Para alocar capital de maneira a ter sucesso, a qualidade de julgamento e a precisão das previsões são muito relevantes para o retorno do capitalista-empreendedor[69].

Investidores que aportam capital em uma ação produtiva de qualquer sorte (desde que estejam fazendo com que um produto "caminhe" para a frente, em direção ao consumidor final), sempre colocam dinheiro hoje antecipando ou especulando sobre uma venda futura, e dessa maneira eles também se tornam, automaticamente, empreendedores[70]. Essa distinção entre empreendedor e capitalista (ou investidor) se torna meramente teórica. No mundo real, as funções desses dois entes

....

68 Rothbard, 1991, p. 58.
69 2004, p. 509.
70 Rothbard, 2004, p. 211 e 509.

abstratos são integradas no mesmo agente concreto, o empreendedor[71].

Encontrar um investimento que traga ganhos é outra das tarefas típicas do empreendedor. Isso pode ser feito por meio de iniciativas de negócios guiadas diretamente pelo agente ou, como é muito mais fácil, o agente pode encontrar (e escolher) canais diferentes para investir; ele pode, inclusive, valer-se de instituições especializadas em encontrar e avaliar os possíveis investimentos[72]. Ele deverá usar as informações que coletou e/ou aquelas fornecidas pelos especialistas para estimar seus possíveis ganhos futuros e decidir se e onde investir[73].

Ao fornecer capital, o capitalista corporativo (inclusive o pequeno dono de ações) assume a função empreendedora, ele passa a ser responsável direto por guiar os processos produtivos da empresa. O administrador, ainda que tenha poder de controlar o capital da empresa em questão, é meramente um agente do empreendedor. O empreendedor é quem mantém o poder último de decisão, que está sendo exercido pelo administrador. Em última instância, o empreendedor pode, inclusive, demitir o administrador e passar a exercer também a administração do negócio. O julgamento do empreendedor buscará compreender o mercado de forma a fazer com que o investimento presente gere retornos positivos, lucros, no futuro. No caso de um acionista que não esteja satisfeito com a maneira com a qual o administrador gere a empresa, ele poderá sempre abdicar de seus direitos de

---

71 Salerno, 2004, p. xxxvi.
72 Rothbard, 2004, p. 440.
73 Rothbard, 2004, p. 509.

dono, vendendo suas ações e, efetivamente, "demitindo" o administrador[74].

Ainda no mercado de ações, o empreendedor, como investidor, pode observar uma empresa que, segundo seu julgamento, esteja lucrando pouco (e cujas ações portanto, estão relativamente baratas), mas que, na visão dele, tem potencial para valer mais no futuro. Caso isso ocorra, esse empreendedor comprará a ação, e em caso de aumento do valor desta terá demonstrado sua capacidade empreendedora de alocação de capital[75].

Mais um dos elementos que distinguem o empreendedor é a presença e o enfrentamento da incerteza[76]. Para Rothbard[77], o empreendedor encara o mundo sabendo algumas coisas e não sabendo outras. Por exemplo, ele sabe de maneira apodítica (sem precisar de comprovação formal, apenas usando seu raciocínio e a lógica) que se a quantidade de dinheiro numa economia aumentar e tudo o mais permanecer constante (por exemplo, a quantidade de bens permanecer igual e as pessoas não começarem a entesourar dinheiro), os preços nominais tenderão a subir. Ao mesmo tempo, o empreendedor não sabe com certeza quais serão as demandas futuras pelos recursos, quais serão os competidores no futuro e quais coisas mudarão no mercado como um todo ou mesmo quando e em qual dimensão os preços nominais serão afetados.

Outra característica relevante é que o capitalista-empreendedor, ao enfrentar a incerteza, assume o

---

74 Rothbard, 2004, p. 434-435.
75 Rothbard, 2004, p. 1175.
76 Rothbard, 2004, p. 434, 2011, p. 173.
77 2011, p. 173-174.

risco do negócio e tira dos trabalhadores assalariados a necessidade de esperar que o produto seja vendido para, então, ter acesso ao seu dinheiro. Esperar pelos resultados da produção é tarefa exclusiva do empreendedor[78]. Para enfrentar a incerteza, aponta Rothbard[79], o empreendedor sabe muito sobre a parte do mercado que lhe interessa, não apenas sobre os preços, e também têm muito conhecimento qualitativo, que é necessário para a produção. Ele sabe, por exemplo, que tipo de consumidor vai ser atendido, que tipo de produtos serão demandados, onde encontrar matérias-primas e como transformá-las. O conhecimento que vem do sistema de preços é necessário, mas não suficiente, nem é a única fonte de conhecimento para o empreendedor[80]. O conhecimento qualitativo do empreendedor faz com que o cálculo econômico quantitativo sobre custos, preços, lucros e prejuízos, e, portanto, a ação empreendedora, seja possível[81].

Por fim, o empreendedor, além de livrar o trabalhador de ter que enfrentar a incerteza, também é responsável pela melhoria de vida do trabalhador de outra maneira. Ao fornecer ferramentas de trabalho, o empreendedor aumenta a escassez e a produtividade do trabalhador quando comparada aos outros fatores produtivos. Isso, em resposta, faz com que o preço do trabalho aumente e, consequentemente, o pagamento pelo trabalho, o salário, possa também ser aumentado.

---

78 Rothbard, 2004, p. 1314.
79 2011, p. 177.
80 Rothbard, 2011, p. 179.
81 Rothbard, 2011. p. 188.

Porém, o empreendedor não pode ter essas características no vazio. Ele depende do mercado para conseguir calcular, é no mercado que ele encontra os salários, as taxas de retorno e os juros. Sem esses preços não é possível calcular racionalmente e, assim, alocar os fatores produtivos de acordo com o que se pensa que os consumidores irão demandar no futuro, em busca de lucro. Dessa maneira, o cálculo econômico só é possível porque existe um sistema de preços genuíno nos meios de produção (terra e bens de capital) e um sistema de trocas entre recursos que pertencem a entes privados[82]. Em outras palavras, o empreendedor só existe quando existe um mercado.

Empreendedorismo, portanto, vai além da inovação, trata-se de ajustamento no presente à incerteza inerente às condições futuras do mercado[83]. Sempre em busca de lucro mas, também, sempre sujeito à possibilidade de prejuízo.

O empreendedor misesiano, que Rothbard adota e busca explicar, possui conhecimento, é ativo, toma riscos e enfrenta a incerteza e prognostica o futuro; melhora as condições dos trabalhadores e usa o sistema de preços como um guia indispensável que lhe permite calcular seus custos e estimar suas receitas e lucro[84], mas também depende de conhecimento qualitativo, que está além do sistema de preços para agir.

---

82 Rothbard, 2011, p. 188.
83 Rothbard, 2004. p. 858.
84 Rothbard, 2011, p. 179.

Altas de ciclo e empreendedores que erram em conjunto

Em *A Grande Depressão Americana*, Rothbard trata de explicar como é possível que tantos empreendedores cometam o mesmo erro ao mesmo tempo, como ocorre nas fases de *boom* dos ciclos econômicos, e, por consequência, sofram prejuízos consideráveis em consequência disso. Visto que os empreendedores trabalham com previsões sobre o mercado e são especializados em enfrentar a incerteza, o fato de que muitos empreendedores são ludibriados pelo ciclo econômico não poderia ser natural.

Rothbard[85] usa a Teoria Austríaca dos Ciclos Econômicos (TACE) para explicar os motivos desse conjunto pouco usual de erros. Em resumo, a expansão de crédito proveniente dos bancos faz com que a taxa de juros para empréstimos diminua, parecendo que há mais poupança pronta para ser investida, então os empreendedores são ludibriados (*mislead*) a acreditar que essa poupança, de fato, existe. Essa crença fará com que os empreendedores invistam em processos de produção mais longos, que, depois, nas fases de estouro da bolha, se mostrarão incapazes de gerar lucros.

A fase de expansão se caracteriza pelo aumento do crédito bancário, que reduz os juros e engana os empreendedores. Estes respondem fazendo investimentos errados (*misinvestment*, no jargão de Rothbard, ou mal-investimentos, como são mais conhecidos atualmente). Porém, sem que tenha havido, de fato, uma mudança

---

85 2000, p. 9-14.

na preferência temporal dos consumidores, com o passar do tempo os agentes do mercado irão começar a perceber os erros que cometeram ao expandir a estrutura de produção e tentarão salvar o que for possível, liquidando seu capital (ou por vezes até abandonando-o por completo) e dando início ao estouro da bolha. A crise chega quando as preferências temporais voltam a ser refletidas pelas taxas de juros, quando a expansão de crédito é eliminada (ou, ao menos, reduzida) e a depressão é um mecanismo pelo qual a economia busca se ajustar aos erros da fase expansionista e tenta reestabelecer a maneira mais eficiente de servir aos consumidores.

Para explicar o fenômeno dos empreendedores que erram em grupo, Rothbard sugere que a expansão do crédito faz com que pessoas com capacidade de julgamento menos apurada se tornem empreendedoras. Dessa maneira, mais pessoas erram em seu julgamento sobre o futuro. Assim, na fase de expansão do crédito, pessoas menos capazes passam a empreender, e na fase de contração, essas mesmas pessoas são expulsas do mercado mais rapidamente. Ao mesmo tempo, empreendedores mais capazes também sofrerão os impactos da depressão, e estarão mais sujeitos ao fracasso. A soma desses efeitos explicaria, para Rothbard, como tantos empreendedores têm suas iniciativas fracassadas durante o estouro da bolha. De maneira sucinta, Rothbard defende que não são os empreendedores que, de uma hora para outra, ficaram estúpidos, mas, pelo contrário, são pessoas estúpidas que, de uma hora para outra e em virtude da expansão do crédito, se tornaram empreendedoras.

A Economia Uniformemente Circular e a explicação teórica definitiva sobre a função empreendedora

Rothbard usa a "Economia Uniformemente Circular" [*Evenly Rotating Economy* ou ERE][86]. A ERE pode ser resumida como uma abstração teórica que busca compreender o que ocorreria se o mundo fosse estático, isto é, se as escalas de valor, as tecnologias e os recursos em geral permanecessem constantes. Se isso fosse verdade, todas as ações se repetem de maneira circular e infinitamente. A consequência dessa constância é que toda e qualquer incerteza empresarial desaparece. A ERE é a tendência para o qual todo mercado se move, mas é um objetivo jamais atingido concretamente por conta da realidade dinâmica[87].

Rothbard[88] sugere que somente usando a ERE é possível analisar o lucro empresarial e vários outros problemas, como a estrutura de produção, a taxa de juros e a precificação dos fatores produtivos. É também usando a ERE que o empreendedor pode ser definido de maneira precisa pela teoria.

No contexto da ERE, a taxa de retorno é a pura razão de troca entre os bens presentes e bens futuros, e é puramente derivada da preferência temporal. Essa taxa de retorno é a taxa de juros pura e será uniforme e constante em todas as linhas de produção e todos os períodos na ERE[89]. No mundo real, visto que não há

---

86 veja, em especial, Rothbard, 2004, capítulo 5, parte 2.

87 2004, p. 356 e 510.

88 2004, p. 356.

89 Rothbard, 2004, p. 351.

certeza absoluta, não é possível isolar a taxa de juros pura dos outros componentes que formam o retorno do empreendedor[90].

O estado de ausência de dinamismo proposto pela ERE acaba com a incerteza. Por consequência, na ERE o empreendedor do mundo real não existe, visto que não há incerteza sobre o futuro a ser antecipada, não há previsões a serem feitas, tudo que acontecerá no futuro é sabido no presente[91]. Ao mesmo tempo, porém, o papel teórico do capitalista – aquele que poupa dinheiro e contrata os serviços dos meios de produção, assim adquirindo capital e bens de consumo para comercializar – permanece[92]. Como o lucro empreendedorial equivale a retornos maiores que a taxa de juros pura, não é possível que exista lucro na ERE.

É somente pelo advento dessa construção teórica, indica Rothbard, que é possível separar as funções do empreendedor ao perguntar: quais funções ainda seriam exercidas na ERE além do trabalho administrativo e do aporte de capital? A resposta a tal pergunta permite definir precisamente o papel econômico do empreendedor. Salerno[93] aponta que, ao responder a essa pergunta, Rothbard[94] identifica a "função de tomada de decisão" ou "função do dono", que consiste na responsabilidade última, no controle da produção e na propriedade sobre os bens produzidos até que tenham sido vendidos no mercado. Tal função não pode ser delegada a empregados

---

90 Rothbard, 2004, p. 415.
91 Rothbard, 2004, p. 349.
92 2004, p. 332-333 e p. 349.
93 2008, p. 204.
94 2004, p. 602.

e envolve as decisões em última instância sobre o uso da propriedade e sobre as escolhas dos homens que irão administrá-la. A renda proveniente da decisão, portanto, persiste na ERE.

Assim, uma das grandes contribuições de Rothbard para a teoria econômica, e para a teoria do empreendedorismo em particular, foi explicar que na ERE (diferente daquilo que ocorre no estado de equilíbrio geral) o empreendedor precisa continuar exercendo algumas funções específicas e intransferíveis. Mesmo na ERE as pessoas ainda seriam diferentes e teriam diferentes habilidades de decisão, o que faria com que as diferenças de eficiência entre as firmas continuassem a existir. Mesmo as firmas com menores retornos deveriam manter a renda de decisão do empreendedor, caso contrário ele deixaria a firma[95].

Em suma, como veremos com maiores detalhes a seguir, usando a ERE é possível dizer que o lucro (ou prejuízo) empresarial é o pagamento (ou punição) pelo enfrentamento da incerteza. Como não há incerteza na ERE, não há lucro ou prejuízo, e, portanto, *o enfrentamento da incerteza* torna-se a característica que define o empreendedor. Essa função não pode ser terceirizada.

Lucros, prejuízos, rendimentos, juros e custos

O capitalista empreendedor, de maneira especulativa, injeta recursos financeiros em fatores de produção esperando recuperar tais recursos não somente ajustados

---

95 Salerno, 2008, p. 205.

pela taxa de retorno derivada da preferência temporal, mas também adicionados de um lucro a ser apurado depois das vendas[96].

Os rendimentos para o empreendedor estão ligados a quatro fontes teóricas: 1) os rendimentos ligados à propriedade e decisão[97] são aqueles que os produtores buscam obter em seus processos produtivos[98]; 2) os rendimentos derivados da taxa de retorno (equivalente à taxa de juros); 3) o salário devido ao administrador; e 4) o lucro ou prejuízo. Em alguns casos, essas quatro fontes de renda são pagas para a mesma pessoa, um indivíduo que ocupa todas essas posições teóricas[99]. Geralmente isso ocorre com um empreendedor que trabalha diretamente em seu empreendimento. Seus rendimentos advindos desse negócio são o conjunto desses quatro diferentes fatores e impossíveis de separar na realidade. Além disso, só existem lucros empresariais em termos econômicos quando o retorno é maior que a taxa de juros pura; caso o retorno seja menor, ainda que positivo, o empreendedor teve prejuízo econômico[100]. Lucros e prejuízos[101] são, na verdade, a diferença entre a taxa de retorno corrente e o retorno real do empreendimento.

Rothbard também explica que o lucro ocorre quando os fatores de produção escolhidos pelo empreendedor estavam subprecificados (no caso da venda dos serviços do bem de capital em questão) ou subcapitalizados

---

96 Rothbard, 2004, p. 355.
97 Salerno, 2004, p. xliv; Rothbard, 2004, p. 604.
98 Rothbard, 2004, p. 298.
99 Salerno, 2008, p. 204.
100 Rothbard, 2004, p. 354 e 513.
101 Ibidem, p. 509.

(no caso da venda do bem em si) quando de sua aplicação na atividade empresarial. Nesses casos, as expectativas do mercado para aquele bem estavam subestimadas quanto à sua capacidade de gerar renda no futuro, e a ação empreendedora, portanto, foi capaz de, melhor do que os outros agentes de mercado, observar essa discrepância e agir sobre ela. Isso é feito pela realocação dos recursos produtivos de outras cadeias de produção, de forma a fazê-los gerar mais renda do que anteriormente era possível. O lucro é o prêmio por essa capacidade de enxergar as demandas futuras melhor do que os outros participantes do mercado[102]. Esse processo, porém, é autorregulado pelas interações no mercado. Ao lucrar, o empreendedor dá o pontapé inicial para a redução dos seus lucros; ao criar o novo processo produtivo, ele aumenta a demanda por fatores de produção usados naquele processo e, assim, aumenta seus preços. Esse aumento da demanda pelos recursos será acentuado pela entrada de competidores interessados em parte dos lucros que o empreendedor conseguiu. Se, pelo contrário, houver uma superprecificação ou supercapitalização dos ativos, o empreendedor incorrerá em prejuízo[103]. Na ERE, como vimos, não existe incerteza e todos os valores futuros são conhecidos, assim é impossível haver super (ou sub) capitalização ou precificação e, portanto, é impossível haver lucro ou prejuízo empresarial, já que na ERE existe apenas a taxa de juros pura[104].

De maneira menos teórica, pode-se dizer que o lucro ocorre em virtude de o empreendedor, tendo enfrentado a

102 Rothbard, 2004, p. 510.
103 Ibidem, p. 513.
104 Ibidem, p. 513.

incerteza, ter transformado o risco num custo de operar o negócio[105] e realocou os fatores de produção para processos produtivos que atendem a demandas localizadas mais alto na escala de valores dos consumidores, e pelas quais esses consumidores estão dispostos a pagar mais. Dessa maneira, para Rothbard[106], o empreendedor encontra um maior valor marginal do produto descontado no novo processo produtivo. Assim, lucros refletem o aumento de capital do empreendedor, prejuízos refletem uma diminuição desse mesmo capital[107].

Portanto, é um grave erro considerar somente a possibilidade de lucros. A possibilidade de prejuízos não pode ser desconsiderada e a economia deve ser caracterizada como uma economia de lucros e prejuízos[108]. Em suma, lucros são um indicador de que os desajustes do mercado estão sendo consertados pelos empreendedores; prejuízos, pelo contrário, sinalizam que os desajustes continuam por conta da má alocação de recursos produtivos quando comparada à demanda dos consumidores. Quanto maior o lucro, maior o ajustamento na estrutura produtiva que o empreendedor está fazendo, quanto maior seu prejuízo, maiores os problemas que ele está causando na estrutura de produção[109]. Empreendedores que têm prejuízos muito constantemente serão expelidos do mercado como empreendedores e voltarão como trabalhadores assalariados[110].

---

105 Ibidem, p. 555.
106 Ibidem, p. 511.
107 Rothbard, 1985, p. 282.
108 Rothbard, 2004, p. 513.
109 Rothbard, 2004, p. 514-515.
110 Rothbard, 2004, p. 515.

É também importante salientar que o lucro inclui uma parte psíquica, e, portanto, não quantificável[111]. Caso todas as demais condições sejam iguais, a quantidade de dinheiro disponível para o empreendedor, o lucro financeiro, irá prevalecer, porém Rothbard é enfático ao afirmar que lucro é inerentemente psíquico, subjetivo, e dependente da escala de valor de cada empreendedor, embora geralmente inclua lucro monetário. O *homo economicus*, interessado apenas na quantidade de dinheiro que será capaz de recolher do seu empreendimento, é, portanto, reconhecido explicitamente como um mito[112].

Ao mesmo tempo, o empreendedor pode escolher se abster de parte do lucro monetário para buscar fins não monetários (ter mais tempo de lazer, por exemplo). Nesse caso o produtor estaria agindo como consumidor e colocando sua vontade pessoal acima das vontades dos seus consumidores. Isso denota que o consumidor não guia o mercado diretamente e de forma soberana, mas é subordinado às escalas de valor dos empreendedores.

A própria atividade empreendedora afeta também a taxa de retorno natural. Essa atividade faz com que a taxa tenda sempre para um ponto uniforme para todas as indústrias, mercados e tempos, embora isso nunca ocorra na realidade[113]. Num mercado livre, essas taxas mudarão de acordo com as expectativas dos empreendedores[114]. O construto teórico do equilíbrio também ajuda a distinguir lucros (e prejuízos) e os retornos

111 Rothbard, 2004, p. 509.
112 Rothbard, 2004, p. 212.
113 Rothbard, 2004, p. 372.
114 Rothbard, 2004, p. 445.

que advêm da preferência temporal (refletidos na taxa natural de retorno)[115].

Por fim, Rothbard explica que, embora os custos para o empreendedor individualmente pareçam determinar o preço de seus produtos, na realidade os custos são determinados pela valoração dos produtos finais no mercado. Assim, o empreendedor deve ser capaz de antecipar os valores que serão pagos por aquilo que ele deseja fornecer e, posteriormente, determinar em que custos será capaz de incorrer para produzir aquilo que pretende, num processo conhecido como imputação. Os preços dos produtos dependem apenas da demanda por esses mesmos produtos que advêm da valoração feita pelos consumidores[116].

Controvérsias: Hayek, Kirzner, Schumpeter, o "empreendedor puro" e mais

Vários dos escritos de Rothbard sobre empreendedorismo discutem a posição de Israel Kirzner, inicialmente apresentada em *Competição e Atividade Empresarial*[117] e posteriormente em diversos outros trabalhos. Kirzner fala sobre um empreendedor puro que aproveita oportunidades previamente existentes valendo-se de um especial estado de alerta. Nos comentários de Rothbard, essa discussão é o tema central[118]. A crítica incisiva se dá por conta do desvio de Kirzner, na visão de Rothbard, do

115 Rothbard, 2011, p. 183.
116 Rothbard, 2004, p. 356.
117 Kirzner, 1973.
118 Rothbard, 1974, 1985, 1994, 2011.

entendimento do empreendedor em Mises (e, portanto, na Escola Austríaca)[119].

Rothbard[120] reconhece a "impressionante contribuição" de Kirzner para as discussões sobre microeconomia nas linhas de Mises e Hayek, e diz que o livro era, até aquele momento, a melhor elaboração da visão dos dois autores seminais sobre empreendedorismo e competição, bem como uma importante crítica à microeconomia dominante na época. Rothbard defende que Kirzner contribui sobremaneira para a teoria ao enfatizar o papel do empreendedor como transmissor de informação para o mercado, não só por meio dos preços, mas também da comunicação ligada ao marketing. Sobre o marketing, Rothbard concorda com Kirzner que o serviço do empreendedor só termina quando a informação sobre a existência e as características do produto ou serviço chega ao consumidor potencial.

Ao mesmo tempo, segundo Rothbard, todo o trabalho de Kirzner seria permeado por um erro básico[121] que o leva a um distanciamento da teoria austríaca do empreendedor que estava vigente até aquele momento. Essa teoria trata empreendedor e capitalista como inseparáveis na prática.

Rothbard[122] afirma que o empreendedor hayekiano (que depois seria seguido por Kirzner), parte de um ponto de total ignorância e, aos poucos, aprende sobre o mundo e o mercado pelos sinais do sistema de preços. Daí vem a famosa ideia da competição no mercado como

---

119 Rothbard, 1985, p. 284.
120 1974, p. 902.
121 1974, p. 903.
122 2011, p. 178.

um "processo de descoberta" – as forças mercadológicas entregam aos atores o conhecimento por meio dos lucros e prejuízos.

O empreendedor de Kirzner, para Rothbard[123] é curioso, quase etéreo, é passivo, pois não precisa arriscar nada, não precisa possuir ou controlar capital, e, de fato, pouco age como um empreendedor no sentido austríaco anterior a Kirzner. Além disso, ele não pode ser monopolista, assim, o lucro não estaria relacionado à renda proveniente do capital. O empreendedor de Kirzner não enfrenta risco ou incerteza, seria então somente um "homem de ideias" que não sabe nada além do que o mercado lhe ensinou por meio do sistema de preços[124]. Ele depende somente de quão alerta está a oportunidade preexistente no mercado e, embora possa lucrar por conta desse seu estado de alerta aguçado, não poderá ter prejuízos, pois não enfrenta a incerteza inerente ao mercado. Rothbard pergunta: se o empreendedor kirzneriano não enfrenta a incerteza arriscando seu capital, como este agente pode lucrar? Além disso, como ele pode ter prejuízos? Para Rothbard[125], a resposta é simples: o empreendedor kirzneriano não pode sofrer prejuízos, e assim não pode ser considerado um empreendedor no sentido da Escola Austríaca.

A resposta de Kirzner de que o "homem de ideias" pode encontrar um capitalista para investir (e assim não arriscaria nada, não enfrentaria a incerteza) não satisfaz Rothbard[126] pois: 1. O capitalista, ao emprestar

---

123 1974, 1985, 2011.
124 Rothbard, 2011, p. 176.
125 *Ibidem*, p. 176.
126 1985, p. 283.

dinheiro, torna-se um empreendedor, e 2. O "homem de ideias", ao receber o aporte de capital, torna-se um capitalista. Nesse caso, ambos enfrentarão a incerteza do mercado, ambos serão donos do capital investido e dos produtos produzidos antes da venda e do dinheiro proveniente da mesma venda. Caso o empreendimento vá mal, prejuízos ocorrerão, e embora o homem de ideias, neste caso, não seja obrigado a pagar de volta o capitalista, o capitalista também terá que arcar com os prejuízos do negócio. Além disso, no caso de prejuízos, o homem de ideias, bem como o agente que financiou suas ideias, terá reduzido a sua riqueza em comparação à que ele tinha antes do empreendimento. Mesmo no melhor dos casos do empreendedor de Kirzner, o arbitrador está sempre sujeito à incerteza.

Rothbard aponta que, em *Ação Humana*, Mises faz a distinção teórica entre o empreendedor puro e o capitalista, mas, ao mesmo tempo, deixa claro que esta é uma distinção impossível no mundo real. Para Rothbard[127], a falta de atenção a esse senão de Mises teria feito com que Kirzner usasse uma ideia menor nos escritos de seu professor e a estendesse de maneira incorreta, colocando-a no centro de toda a teoria[128].

Porém Rothbard sugere que Kirzner desenvolveu a teoria do estado de alerta em resposta a outro desvio do eixo central misesiano, nesse caso introduzido por Ludwig M. Lachmann, que, com seu subjetivismo radical e completa aleatoriedade do futuro, não acreditava em uma tendência do processo de mercado ao equilíbrio.

127 1985, p. 284.
128 1974, p. 903.

O alerta do empreendedor seria, então, uma resposta de Kirzner à aleatoriedade introduzida por Lachmann e uma contribuição importante para refutar seus erros.

Sobre o empreendedor em Lachmann, Rothbard[129] afirma que ele perde sentido, pois não é capaz de aprender e, mesmo que isso fosse possível, seu conhecimento seria totalmente inútil, pois o futuro é aleatório.

Em comentários posteriores, Rothbard reconhece que, aos poucos, Kirzner mostrava estar retornando à abordagem teórica de Mises do capitalista-empreendedor; o estado de alerta passa a ser uma qualidade do ator nesse contexto, e não mais sua característica única. De maneira pouco clara, porém, afirma Rothbard, Kirzner ainda não aceitava que o empreendedor poderia sofrer prejuízos, mas continuava podendo lucrar. Seu único prejuízo possível, nessa evolução do pensamento de Kirzner, seria o prejuízo de não ter estado alerta para uma oportunidade de lucro[130].

A visão causal-realista de Rothbard (e também de Mises, Salerno, Klein e Bylund) é, portanto, mais alinhada à teoria austríaca que a visão rival defendida por Kirzner[131]. Embora Kirzner reconheça que há um problema em sua teoria, ele não é capaz de resolvê-lo, ainda que tente. O cerne do problema da abordagem kirzneriana, como apontava Rothbard, está na impossibilidade prática de separar o empreendedor do capitalista (que Kirzner reconhece). Kirzner continua defendendo

---

129 2011, p. 179.

130 ver 1994, p. 559 e também o comentário de Gordon, 2019, p. 500, que concorda com Rothbard sobre a evolução do pensamento de Kirzner e os problemas que ele segue apresentando.

131 Gordon, 2019, p. 499.

que o empreendedor puro e o capitalista podem e devem ser separados teoricamente, e que, embora na prática ambos sejam o mesmo agente, isso não implica que o prejuízo do empreendedor esteja associado à sua função como capitalista.

Os erros de Schumpeter

Joseph A. Schumpeter (1883-1950) foi um dos maiores economistas do século XX e, embora não seja um tema comum nos escritos de Rothbard, é normalmente associado à Escola Austríaca não somente por conta de suas origens (ele nasceu no então império Austro-Húngaro), mas por ter também sido aluno de Böhm-Bawerk e contemporâneo de Mises na Universidade de Viena. Rothbard[132], no entanto, faz críticas contundentes ao empreendedor schumpeteriano, que estava preso no equilíbrio de Walras e só poderia quebrar o equilíbrio com dinheiro novo, ou seja, com crédito a ser criado pelos bancos[133].

Dessa maneira, para Schumpeter, lucros só seriam possíveis a inovadores que usariam o crédito novo para inovar e usariam os lucros advindos da inovação para pagar os bancos criadores do crédito. No modelo schumpeteriano, seria necessário que houvesse uma crise, um estouro de bolha, para que a economia pudesse voltar ao estado de equilíbrio walrasiano[134].

---

132 1985, p. 285.
133 Ferrero, 2019.
134 Rothbard, 1985, p. 285.

Rothbard[135] aplaude Kirzner por sua refutação teórica de Schumpeter, e sua demonstração de que o empreendedor não se resume a um destruidor do equilíbrio, mas que é, de fato, um instrumento do contínuo movimento do processo de mercado em busca do equilíbrio (que nunca é, de fato, atingido).

Nos dois casos, em Kirzner e em Schumpeter, a crítica de Rothbard se concentra em sua firme convicção de que a Escola Austríaca, fundamentada em axiomas empiricamente sustentados e lógica, se concentra em analisar o mundo real e não modelos abstratos ou conceitos meramente teóricos[136].

O que o empreendedor deve buscar

Rothbard[137] usa a famosa passagem de Adam Smith sobre as consequências não intencionais da atividade empreendedora, e os benefícios para terceiros que esta atividade necessariamente traz, para discutir a necessidade de se apresentar e aplaudir as consequências intencionais da atividade empreendedora. O empreendedor age para melhorar, inicialmente, as suas condições e, pergunta Rothbard, será que entre essas condições não estão também a melhoria de vida do comprador e mesmo da sociedade de maneira mais geral?

Será que saber que beneficiam a sociedade não seria benéfico para os empreendedores? Seria possível que saber dos benefícios que traz aos outros traria algum prejuízo ao empreendedor? Rothbard afirma que esse

135 1974, p. 902-903.
136 Rothbard, 1985, p. 286.
137 2011, p. 196-197.

tipo de saber sobre o impacto (positivo) na vida dos outros afetará positivamente a ação empreendedora. Portanto, diz ele, é dever dos economistas e dos defensores do livre mercado fazer com que os empreendedores tenham consciência dessas consequências positivas e não creiam em falácias que dizem que seu lucro do empreendedor está, de alguma maneira, prejudicando os outros cidadãos. Caso os empreendedores creiam nessa falácia, Rothbard diz, eles tomarão medidas deliberadas para reduzir (provavelmente não eliminar) seus lucros, o que, como é óbvio para Rothbard, acabará prejudicando a sociedade, pois o acesso àquilo que os empreendedores produzem será deliberadamente reduzido.

A importância da boa teoria

Rothbard apresenta críticas a diversos aspectos apresentados no livro editado por Caldwell e Boehm. Sobre o empreendedorismo em específico, Rothbard faz questão de salientar as diferenças entre o conceito de incerteza para Mises e Knight. Para Knight, riscos que não pudessem ser comprados por terceiros, por seguradoras, seriam cientificamente imprevisíveis (e, portanto, aleatórios), o que leva à conclusão de que qualquer atividade que enfrente incerteza depende somente da sorte. Em Mises, pelo contrário, embora não seja possível prever matematicamente o futuro, o ser humano, e em especial o empreendedor de sucesso, é capaz de usar seus *insights*, sua compreensão, sua arte[138], seu *Verstehen* ["capacidade

---

138 Rothbard, 2011, p. 174.

de entendimento", em tradução livre][139] para "prever" o futuro. É claro que tal capacidade (modernamente chamada de "julgamento" na teoria austríaca do empreendedor) é mais aguçada em alguns empreendedores do que em outros. Essa diferença de capacidades se traduz em maiores lucros para aqueles com melhor *Verstehen* e em prejuízos para quem não tem tal capacidade tão bem desenvolvida. Por meio desse processo, ao longo do tempo, empreendedores mais capazes vão substituindo os menos capazes no mercado.

Além disso, o problema de a ação empreendedora ser equilibrante ou desequilibrante só existe na abordagem de Hayek-Kirzner, pois para Hayek (depois dos anos 1920), e para Kirzner que o segue, o equilíbrio, no dizer de Salerno, está próximo (não no tempo, mas no sentido mais metafísico do termo), enquanto para Mises tal equilíbrio é somente uma tendência de mercado como um todo. Somente num equilíbrio próximo (como em Hayek-Kirzner e também em Schumpeter) é que a discussão se torna relevante, no mundo de equilíbrio como tendência de Mises, a ação empreendedora, seja ela equilibradora ou desequilibradora, somente modifica o equilíbrio remoto em direção ao qual todo o mercado naturalmente caminha.

Rothbard[140] afirma que o empreendedor misesiano age por acreditar *ex ante* que sua ação será equilibradora *para ele*, mas não necessariamente para o mercado como um todo. Isso ocorre porque a ação empreendedora de sucesso levará o empreendedor para

---

139 Mises, 1998, p. 49-50.
140 2011, p. 184.

um estado de maior satisfação. Quando obtém sucesso, as ações empreendedoras se provam *a posteriori*, verdadeiramente equilibrantes, como previa o ator antes de tomar as atitudes.

Rothbard também é muito enfático ao repreender os estudantes de ciências sociais por uma tendência que ele observa. Segundo ele[141], um estudante sério não deve aceitar que o que há de novo é necessariamente melhor do que os desenvolvimentos mais antigos; dito de outra forma, algo não é melhor somente por ser novo. As falácias austríacas, segundo ele, são muito bem representadas pela visão deturpada do empreendedor "austríaco" em Kirzner, que acabou por se transformar na "versão austríaca" do empreendedor e aquela mais aceita pela maioria das pessoas que, de alguma forma, são simpáticas às ideias dessa escola de pensamento[142]. Para Rothbard existe a necessidade de se ter um centro muito bem delimitado das ideias que definem a Escola Austríaca. Ele defende não ser possível alargar esse centro para aceitar contribuições remotamente relacionadas, como seria a do empreendedor em Kirzner. Rothbard aponta que a difusão das ideias da Escola Austríaca nos anos 1970 trouxe consigo muitos revisionistas que deturparam as ideias e, muitas vezes, tiveram sucesso em causar confusão, como é o caso de Kirzner sobre empreendedorismo e o de Lachmann sobre equilíbrio.

---

141 Rothbard, 2011.
142 Salerno, 2008, p. 189.

Conclusões, passado recente, presente e futuro

Em suma, homens de negócios executam a função empresarial, enfrentam a incerteza num mundo dinâmico. Por serem os donos dos bens de capital empregados na produção, eles também são, necessariamente, capitalistas. Eles fornecem os recursos necessários para financiar o trabalho e o capital, e por isso são remunerados com rendimento (juros sobre capital) específico. Eles também podem exercer a função administrativa na organização, e quando isso ocorre têm direito ao que se chama no Brasil de *pro labore*, o "salário" do empresário que paga a ele por sua atividade como administrador do negócio que poderia, em tese, ser contratado no mercado[143]. As outras duas funções, a decisão sobre como e onde alocar o capital e o enfrentamento da incerteza complementam as quatro fontes de renda do empreendedor, e o enfrentamento da incerteza é especial, pois é essa função que define, teoricamente, o empreendedor.

Rothbard[144] reconhece que Mises foi, como não era de costume, pouco claro ao falar do empreendedor. Seus esforços têm o objetivo de esclarecer as contribuições de Mises e outros. Autores como Salerno[145], Foss e Klein[146] continuaram a tradição austríaca do "empreendedor integral"[147] e conseguiram inserir na discussão o que se convencionou chamar de "empreendedorismo

---

143 Rothbard, 2004, p. 601.
144 1984, p. 284.
145 2008.
146 Foss; Klein, 2012, 2018; Klein, 2010, 2017.
147 Salerno, 2008, p. 190.

baseado em julgamento" (*Judgment Based Entrepreneurship* - JBA), um passo adiante nas teorias da Escola Austríaca sobre o tema. Mais recentemente, Packard[148] e, principalmente, Bylund[149] têm continuado com os avanços da teoria, a ponto de Bylund ter dado uma solução possível para o problema levantado por Mises de a definição do seu "promotor" ser impossível de ser feita como uma categoria praxiológica[150].

Pode-se creditar a Rothbard, portanto, a defesa e o ressurgimento da teoria austríaca do empreendedorismo baseada em posse de recursos, incerteza e possibilidade de lucros e prejuízos num mundo inerentemente dinâmico. Sem sua defesa intransigente contra o que parecia ter sido estabelecido como "a teoria austríaca do empreendedorismo" ligado ao empreendedor como um homem de ideias munido de um especial estado de alerta (como em Kirzner), certamente vários dos desenvolvimentos e parte relevante da compreensão que se tem hoje sobre o tema não teria se desenvolvido.

Além de explicar como os empreendedores reagem às diferentes etapas do ciclo econômico[151], sua discussão sobre o poder[152] fornece caminhos para a melhor compreensão da distinção entre o empreendedor no livre mercado e o agente que usa poder (coerção) para atingir seus objetivos. Para Rothbard, o empreendedor e o que veio a ser chamado depois de empreendedor-político

---

148 Packard, 2019; (Packard; Clark; Klein, 2014), McCaffrey (Foss; Klein; Mccaffrey, 2019; Mccaffrey, 2018).
149 2016.
150 Mises, 1998, p. 256.
151 Rothbard, 2000.
152 Rothbard, 2004.

ou institucional são fundamentalmente diferentes e não devem ser confundidos.

Em uma fala na escola de verão do Instituto Mises dos Estados Unidos, logo depois da queda do Muro de Berlim, Rothbard[153] lembra que ideias da academia influenciaram o público em geral. Ele usa o exemplo de Mises, que durante a maior parte da sua carreira trabalhou e educou empreendedores e homens de negócios sobre os benefícios de um mercado livre. Segundo Rothbard, Mises, que fora eleito pelos comerciantes de Viena para representá-los junto ao governo na Câmara de Comércio, sempre recomendou que o público em geral, e os homens de negócios em particular, fossem ensinados sobre economia, sobre como o livre mercado funciona de fato e sobre como o coletivismo destrói as civilizações.

Nesse sentido, é importante também defender as palavras. Para o grande público no Brasil, o termo *liberal* já não mais significa "a favor do livre mercado", mas algo mais parecido com "ganancioso", "contra os pobres" ou mesmo "desonesto". Nos Estados Unidos, um "liberal" é alguém que defende mais intervenção governamental. Com o termo capitalismo aconteceu o mesmo. Ser chamado de capitalista (no Brasil e em boa parte do mundo) é praticamente um xingamento. O termo *empreendedor* ainda não foi totalmente corrompido. Para proteger esse bastião, talvez o mais importante de todos os termos, por se tratar do motor do livre mercado, é importante educar as pessoas e é dever dos que acreditam na liberdade. Defender o que é certo, com

---

153 1989.

intransigência semelhante à de Mises e Rothbard, significa defender o empreendedor dos ataques que tentam colocar no mesmo grupo os empreendedores que agem dentro da lei e da ética e aqueles que não o fazem, bem como os "empreendedores políticos", agentes que atuam fora do mercado livre e vendem benefícios em troca de dinheiro.

A teoria do empreendedorismo na Escola Austríaca tem crescido na academia, dentro e fora da Escola Austríaca, entre os práticos e tem até mesmo encontrado alguma ressonância entre os políticos. Na academia ela é provavelmente, junto à teoria dos ciclos econômicos, aquela que mais chama a atenção dos pesquisadores de fora dessa corrente de pensamento. O impacto das ideias relançadas e detalhadas por Rothbard tem crescido de forma a se enxergarem ramificações em outras áreas das ciências sociais, em especial na administração, em teoria da firma e em marketing.

As contribuições de Rothbard para a teoria do empreendedor são diversas, e até este momento estavam espalhadas em muitos dos seus escritos. Sem a preocupação de ser exaustivo, este breve ensaio apresentou os pontos centrais das ideias desse autor sobre o empreendedor, e é capaz de sugerir ao leitor caminhos a serem perseguidos para que o avanço da compreensão sobre o motor da economia de mercado possa continuar.

Referências

BOSTAPH, S. "Driving the market process: 'Alertness' versus Innovation and Creative Destruction". *Quarterly Journal of Austrian Economics*, v. 16, n° 4, p. 421-458, 2013.

BYLUND, P. L. *The problem of production: a new theory of the firm.* Routledge, 2016.

CALDWELL, B.; BOEHM, S. (eds.). *Austrian Economics: Tensions and New Directions*. Boston, Dordrecht e Londres: Kluwer Academic Publishers, 1992.

CANTILLON, R. *An Essay on Economic Theory - Essai sur la Nature du Commerce en Général*. M. Thornton (ed.). Auburn: Mises Institute, 2010.

D'ANDREA, F. A. M. C.; MAZZONI, J. F. "For a less dramatic creative destruction". *MISES: Interdisciplinary Journal of Philosophy, Law and Economics*, v. 7, n° 3, 2019. Doi: https://doi.org/10.30800/mises.2019.v7.1245.

FERRERO, B. "Are Structural Fluctuations Natural or Policy-Induced? Analyzing Mises's and Schumpeter's Contributions to Business Cycle Theory". *Quarterly Journal of Austrian Economics*, v. 22, n° 2, 2019. Doi: https://doi.org/10.35297/qjae.010011

FOSS, N. J. e Klein, P. G. *Entrepreneurial Opportunities: Who Needs Them?* Academy of Management Perspectives, 2018. Doi: https://doi.org/10.5465/amp.2017.0181

—————————. *Organizing entrepreneurial judgment: a new approach to the firm*. Cambridge: Cambridge University Press, 2012.

FOSS, N. J.; KLEIN, P. G.; MCCAFFREY, M. *Austrian Perspectives on Entrepreneurship, Strategy, and Organization.*

Cambridge: Cambridge University Press, 2019. Doi: https://doi.org/10.1017/9781108777742.

GORDON, D. Book Review Reflections on Ethics, Freedom, Welfare Economics, Policy, and the Legacy of Austrian Economics Israel M. Kirzner. *In*: BOETTKE, Peter J.; CARMEL, Frédéric Sautet (eds.). *Quarterly Journal of Austrian Economics* 2, v. 22, nº 3, p. 498-502, 2019.

HASTINGS, H. *8 Austrian Actions for 2020*. Disponível em: https://hunterhastings. com/8-austrian-actions-for-2020/.

KIRZNER, I. M. *Competition and entrepreneurship*. Chicago: University of Chicago Press, 1973.

KLEIN, P. G. "An Austrian Perspective on Firms and Markets: My Contributions to Entrepreneurship Theory". *In*: AUDRETSCH, D. B.; LEHMANN, E. E. (eds.). *The Routledge Companion to the Makers of Modern Entrepreneurship*. Nova York: Routledge, 2017, p. 146-153.

──────. *The Capitalist & The Entrepreneur*. Auburn: Ludwig von Mises Institute, 2010.

MCCAFFREY, M. "Extending the Economic Foundations of Entrepreneurship Research". *European Management Review*, v. 15, nº 2, p. 191-199, 2018. Doi: https://doi.org/10.1111/emre.12158

MISES, L. von. *Human Action* - The scholar's edition. Auburn: Mises Institute, 1998.

PACKARD, M. D. "The Nirvana State of Rest". *MISES: Interdisciplinary Journal of Philosophy, Law and Economics*, 7 (Special Issue on Entrepreneurship), 2019.

PACKARD, M. D.; BYLUND, P. L. "On the relationship between inequality and entrepreneurship". *Strategic*

Entrepreneurship Journal, v. 12, n° 1, p. 3-22, 2018. Doi: https://doi.org/10.1002/sej.1270.

PACKARD, M. D.; CLARK, B.; KLEIN, P. G. *An Exploration into the Nature of Entrepreneurial Uncertainty*. Academy of Management Proceedings, v. 2014, n° 1, 16840, 2017. Doi: https://doi.org/10.5465/ambpp.2014.16840abstract.

ROTHBARD, M. N. "The end of socialism and the calculation debate revisited". *The Review of Austrian Economics*, v. 5, n° 2, p. 51-76, 1991. Doi: https://doi.org/10.1007/BF02426928.

——————. "Professor Hébert on Entrepreneurship". *The Journal of Liberian Studies*, v. VII, n° 2, p. 281-286, 1985.

——————. "Review of Competition and Entrepreneurship by Israel M. Kirzner". *Journal of Economic Literature*, v. 12, n° 3, p. 902-904, 1974.

——————. "Review: Austrian Economics: Tensions and New Directions by Bruce Caldwell and Stephan Boehm". *Southern Economic Journal*, v. 61, n° 2, p. 559-560, 1994.

——————. "The Present State of Austrian Economics". *Economic Controversies*, p. 161-224. Auburn: Mises Institute, 2011.

——————. *America's Great Depression*. 5. Ed. Auburn: Mises Institute, 2000.

—————— *Professor Kirzner on Entrepreneurship. In The Logic of Action: Applications and Criticism from the Austrian School*, v. 2, p. 245-253. Lyme: Edward Elgar Publishing, 1997.

——————. *The Future of Austrian Economics*. Auburn: Mises Institute, 1989. Disponível em: https://www.youtube.com/watch?v=KWdUIuID8ag&t=55s.

SALERNO, J. T. "Introduction to Man, Economy, and State with Power and Market". *Man, Economy, and State A Treatise on Economic Principles with Power and Market Government and the Economy*. 2. ed. Auburn: Ludwig von Mises Institute, 2004.

—————— "The Entrepreneur: Real and Imagined". *The Quarterly Journal of Austrian Economics*, v. 11, n° 3-4, p. 188-207, 2008. Doi: https://doi.org/10.1007/s12113-008-9043-5.

THORNTON, M. "Why Did Cantillon Change the Meaning of Entrepreneurship". *MISES: Interdisciplinary Journal of Philosophy, Law and Economics*, v. 7 (III, Special Issue), 2019. Doi: https://doi.org/https://doi.org/10.30800/mises.2019.v7.1241.

Acompanhe a LVM Editora nas Redes Sociais

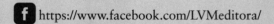 https://www.facebook.com/LVMeditora/

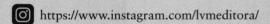 https://www.instagram.com/lvmeditora/

Esta obra foi composta pela Spress
em Barskerville (texto) e Rangkings (título)
e impressa em Pólen 80g. pela Rettec Gráfica
e Editora para a lvm em novembro de 2023.